Live Fully!

공허의 시대

치열하게 살았는데 왜 이토록 허무한가

공허의 시대

조남호
지음

웅진 지식하우스

안녕하세요. 철학기업 라이프코드의 대표 조남호입니다. 이런 저의 소개를 보고 어떤 생각이 드시나요?

첫째, '어, 이 사람… 스터디코드라는 입시 교육했던 사람 아닌가? 철학기업은 뭐지?'

둘째, '라이프코드라… 20년 내내 저 사람이 계속 말해오던 건데… 결국 자기가 하려던 걸 드디어 하고 있네!'

셋째, '나는 과거 이력은 잘 모르겠고, 철학기업이라는 단어가 뭔가 신선하면서도 좀 이상한데?'

아마 이 세 가지 중 하나의 생각이 드실 겁니다. 그리고 이에 대한 설명을 드려보려고 합니다. 당연히 제 소개나 이력에 그리 관심 없으신 것 알고 있습니다. 그럼에도 제 이력으로 이 책을 시작하는 것은, 여러분이 가장 알고 싶은 '이 책이 도대체 다른 책과 무엇이 다르고, 내가 무엇을 얻을 수 있는지'에 대해 이렇게 설명해드리는 것이 훨씬 더 와닿고 흥미 있으실 거라 생각해서입니다.

제가 20년 넘게 한결같이 매달려온 주제는 단 하나입니다. '한 번뿐인 인생, 도대체 어떻게 살아야 잘 사는 인생일까?' 누구나 한 번쯤 생각해볼 주제이지만, 저는 그 정도가 훨씬 더 강했습니다. 책 몇 권 정도 읽어보고 개인적인 생각을 정리하는 것이 아닌 제대로 된 '연구'를 하고 싶었고, 학술적 연구에서 끝내는 것이 아닌 실제 인생에 적용할 수 있는 '솔루션'까지 만들어야 한다고 생각했습니다. '인생을 사는 법이지만 가볍지 않고, 학문적 연구를 기반으로 하지만 실제적인 인생철학'. 이것이 제가 매달린 테마였습니다.

그래서 20여 년 전, 남들의 강력한 만류(?)에도 불구하고 대한민국의 손꼽히는 기업인 네이버를 나와, 바로 스터디코드라는 회사를 만들었습니다. 스터디코드는 고등학생을 대상으로 하는 교육 회사였습니다. 아마 이 연결성이 좀 의아하실 겁니다. 하지만 저에게는 깊은 고민 끝에 나온 이유와 계획이 있었습니다.

첫째, 사람의 인생관이 형성되는 시기는 10대 때라고 생각했습니다. 더 정확하게는 고등학생 때라고 생각했습니다. 초등·중학생은 너무 어리고 대학생은 이미 성인에 접어들었기에, '인생철학'에 대한 깨끗한 접근은 이때가 적기라고 생각했습니다.

둘째, 하지만 고등학생은 입시로 바쁘기에, 직접 인생을 다루는 것은 무리라고 생각했습니다. 그들이 가장 관심 많은 공부를 통해 우회해서 접근하고 전달해야 한다고 생각했습니다. 그래서 '공부법'이라는 파격적인 아이템을 선택했습니다. 당시로서는, 아니 아직도 "그게 사업이 되나?"라는 의문이 따라붙는 아이템이었습니다. 공부하는 방법을 다루다보면 '왜 공부하는가?'라는 근본 질문부터 시작할 수밖에 없고, 그것은 '왜 사는가?'라는 더 근본적인 인생철학과 연결될 수밖에 없기 때문이었습니다. 쉽게 말하면 공부법은 곧 인생법과 연결될 수밖에 없다는 생각이었습니다.

셋째, 당연히 언젠가는 10대를 넘어 모든 연령의 성인을 위한 연구와 솔루션 개발을 해야 한다는 것은 분명했습니다. 다만 그 단계를 위해서는, 이렇게 좁고 명확한 타깃을 바탕으로 결과를 내보는 단계가 선행되어야 한다고 생각했습니다.

이런 계획과 이유로 스터디코드라는 교육 회사를 통해 10대 학생들에게 공부법을 교육하며, 동시에 그 안에 인생법, 인생철학을 녹여 함께 교육했습니다. 20년에 걸쳐 그 철학은 다양한 모습으로 발전하였습니다. '스스로의 가능성에 한계를 두지 말자', '어설프게 하지 말고 치열한 학생의 삶을 살아라', '무엇을 하든 본질을 제대로 알고 하기' 등 목적어에 공부나 인생 중 어떤 단어를 두어도 무방한, 공부철학이자 인생철학이었습니다. 그래서 공부법 프로그램 안에 인생철학을 실제 솔루션으로까지 녹일 수 있었습니다. 스터디코드가 입시 업계에서 그토록 강한 존재감을 풍겼던 것은, 졸업한 이후에도 아직까지 수많은 학생과 학부모가 스터디코드를 기억하고 있는 것은, 우리가 단순한 입시 기업이었다면 있기 힘든 일일 것입니다. '이들은 나에게 끊임없이 인생 사는 법에 대해 알려줬다.' 이것이 20년간 우리를 지나쳤던 학생들의 공통된 이야기입니다.

그리고 우리는 우리의 계획을 20년 동안 항상 학생들에게도 밝혀왔습니다. "언젠가 여러분이 어른이 되었을 때, 어른이 된 여러분을 위한 오로지 인생철학에 관한 무언가를 만들 것이다. 그때가 되면 스터디코드가 아닌 라이프코드라는 이름으로. 이것이 우리 회사의 본질이자 최종 계획이다." 분명 기억하시는 분이 있으실 겁니다. 스터디코드 이용자였든, 유튜브 구독자였든, 조금이라도 우리를 깊게 보신 분들이라면 말이죠.

처음으로 돌아가서 저의 소개였던 '철학기업 라이프코드'는 바로 이런 역사 끝에 나온 회사입니다. 스터디코드는 이제 순수하게 입시교육만을 하는 회사로 분리하고, 인생철학은 전부 라이프코드에서만 담당하는 형태로 출범한 지 이제 3년째입니다. 이렇게 오래 걸릴 줄은 몰랐습니다. 인생철학이라는 것이 쉽지 않다는 것은 알았지만, '이제 모든 연령을 할 수 있다'는 확신이 들 때까지 20년이나 걸릴 줄은 몰랐습니다. 하지만 그만큼 제대로 준비되었다는 뜻이기도 합니다. 확신이 들 때까지는 절대 경거망동하지 않았기 때문입니다. 무려 20년이 넘는 시간이 지나면서도 말이죠. '제대로 연구되었지만 동시에 실용적인 인생철학'. 이 분야에 대해서만큼은 그 어떤 곳보다 경험과 역량이 있다는 자신감을 갖고 있습니다.

'철학기업'. 새롭지만 무언가 어울리기 힘든 두 단어의 조합이 이제 이해되실 것입니다.

첫째, 철학입니다. '어떻게 살아야 하는가?' 어찌 보면 가장 중요한 문제입니다. 그러나, 지금은 바야흐로 '철학 부재의 시대'입니다. 모두가 돈과 기술에 대해서만 얘기할 뿐, 철학은 구태의연한 교양 정도로 치부되고 있습니다. 그사이 현대에 맞는, 현대인을 위한 철학은 업데이트 되고 있지 않습니다. 여전히 과거의 형이상학적인 철학만 반복되고 있거나, 짧은 숏폼이나 유튜브 인플루언서들의 가볍디가벼운 철학이 그 빈자리를 대신하고 있습니다. 우리는 20년간 쌓아왔던 모든 역량을 쏟아부어, 철학·인문학·과학을 통합하고 그 위에 모든 연령의 현대인의 삶을 조사하고 통찰하여 '철학 이론'을 만들어 냈습니다.

둘째, 기업입니다. 제대로 연구된 철학은 항상 학문적 범주에만 놓여 있었습니다. 현실에 적용되기에는 너무 추상적이었습니다. 흔히 말하는 "사람은 철학이 있어야 돼"에 해당하는 인생철학과, 과거의 철학자들이 말하는 철학은 동떨어져 있었습니다. 사람에게는 인생철학이 필요합니다. 이를 통해 단단한 인생관과 가치관, 세계관을 갖게 되고 '잘 사는 삶'으로 나아갈 수 있습니다. 우리는 20년 동안 해왔던 전문성을 그대로 이어, 추상적인 철학 이론을 현실적인 '인생철학'의 형태로 구성하였습니다. 더 나아가 삶에 실질적으로 적용할 수 있는 여러 가지 솔루션도 만들어내고 있습니다.

철학이지만 기업입니다. 기업이지만 철학입니다. 이것이 우리의 본질이고, 이 책의 본질이기도 합니다. 이 책이 다른 책들과 다른 지점, 무엇보다 '당신이 이 책에서 무엇을 얻어갈 수 있는가'에 대한 것입니다.

이 책은 철학기업 라이프코드의 첫 솔루션인 강연 콘서트 〈공허의 시대〉의 2.0 버전을 출판사에서 그대로 책으로 엮어낸 결과입니다. 이 강연은 유튜브를 통해 모든 버전을 합쳐 누적 310만 회의 조회수를 기록했습니다. 총 3시간이 훌쩍 넘는 철학 강연이 이 정도 조회수를 기록한 것은, 유튜브라는 플랫폼에서 매우 이례적인 결과라는 평입니다. '강연 콘서트'라는 부제 그대로, 연구된 철학이지만 현실적이고 와닿도록, 내 현실적 삶에 대한 이야기지만 깊이를 잃지 않도록 애초부터 기획되었기 때문입니다. 이 콘서트라는 형식 자체가, 여기에 쓰인 단어 하나 도식 하나 자체가, '철학기업'의 첫 콘텐츠 솔루션으로 기획되었기 때문입니다. 사람들이 이 콘서트에서 얻었다고 말한 두 가지를 당신도 이 책을 통해 똑같이 가져가게 될 것입니다.

이 책을 통해 당신은 '인생철학'을 갖게 될 것입니다. 이 책은 철학 책입니다. 흔한 자기계발서가 아닙니다. 조남호라는 한 개인의 감상이나 에세이도 아닙니다. 철학·인문학·과학과 현대인들에 대한 조사를 집대성한 연구의 결과물입니다. 이 책을 읽는 분이라면 이미 많은 자기계발서를 읽으셨을 것입니다. 하지만 최고의 자기계발은 세계관 자체를 전환하는 것입니다. 똑같은 세계관 안에서 성장하고 개발해봐야 한계가 있습니다. 이 책은 삶의 가장 근본인 세계관, 인생철학 자체를 바꿀 수 있는 책입니다.

이 책을 통해 당신은 '삶의 변화'를 얻게 될 것입니다. 이 책을 읽는 분이라면, '이렇게 사는 게 맞을까?', '도대체 잘 사는 삶이란 무엇일까?'를 끊임없이 고민했을 것입니다. 그리고 그 해답을 위해 여러 인문학, 철학 책들을 읽으셨을 것입니다. 그러나 그 추상적이고 형이상학적 이야기들은, 좋은 말이지만 '영감' 정도로 끝났을 것입니다. 삶에 흡수되지 못했을 것입니다. 이 책은 철학서이면서 실용서입니다. 오랫동안 추상적인 것을 현실에 접목해온 훈련된 기업의 결과물입니다. 이 책은 당장 실천하게 만들어줄 책입니다. 실제 삶을 변화시켜줄 수 있는 책입니다.

'철학적이지만 실제적이고, 실용적이지만 본질적인.'
이 책은 어디에서도 본 적 없는 다른 종류의 책일 것입니다.

이 두 가지 모순을 공존시키는 데에 20년을 넘게 집중한 한 사람과 그 팀의 결과물을 보고 싶다면, 단순한 영감과 교양을 넘어 삶의 근본적 변화와 관점 혁명을 경험하고 싶다면, 수많은 자기계발서와 인문·철학서에 조금은 지쳤다면, 그 둘의 장점만을 결합한 새로운 종류의 책을 기다렸다면,

부디 이 책을 꼭 읽어 보시길 바라며.

철학기업 라이프코드 대표

조남호

Contents

프롤로그 • 4

Part 1
목적주의의 역습

Chapter 1 현대인의 공통 인생 기준 '목적주의' 대해부

나의 의미 있고 가치 있는 삶은 어디로 갔는가 • 21

공허감을 느끼는 기본 메커니즘 • 25

무의식 속 삶의 기준 '목적주의' • 27

Chapter 2 목적주의의 정체와 그 매혹의 메커니즘

목적이란 무엇인가 • 30

우리는 무엇을 위해 평생 방법과 계획을 세워왔나 • 33

목적을 위해 하루를 살다 • 35

Chapter 3 절대 기준이 된 목적주의의 지배 구조

우리는 '목적'이 선명해지도록 고군분투해왔다 • 38

우리는 '방법과 계획'이 선명해지도록 고군분투해왔다 • 40

우리는 '하루'가 선명해지도록 고군분투해왔다 • 42

우리는 목적주의 도식 안에서 살아왔다 • 44

당신이 잘못된 것이 아니고 기준이 틀린 것이다 • 46

**Part 2
목적주의의 해체**

Chapter 4 **목적은 허상이다**

목적은 허상이다 1: 질문들 • **55**
목적은 허상이다 2: 철학과 진화학 • **59**
목적은 허상이다 3: 자본주의 착시 • **64**
목적은 허상이다 4: 반례 • **67**

Chapter 5 **계획은 허상이다**

계획은 허상이다 1: 변수들 • **73**
계획은 허상이다 2: 복잡성과 변화성 • **76**
계획은 허상이다 3: 고성장 착시 • **79**
계획은 허상이다 4: 반례 • **82**

Chapter 6 **의지는 허상이다**

의지는 허상이다 1: 외적 동기 • **85**
의지는 허상이다 2: 병든 치열 • **89**
의지는 허상이다 3: 공허한 일상 • **93**
의지는 허상이다 4: 반례 • **95**

Chapter 7 달성은 허상이다

달성은 허상이다 1: 변수들 • 97

달성은 허상이다 2: 자책 • 99

달성은 허상이다 3: 전부 공허 • 102

달성은 허상이다 4: 반례 • 104

Chapter 8 성취는 허상이다

성취는 허상이다 1: 찰나의 성취감 그리고 질문들 • 108

성취는 허상이다 2: 사회와 나의 변화 • 111

성취는 허상이다 3: 근본적인 모순 • 113

목적주의는 허상이다: 최종 반례 • 116

Chapter 9 목적주의는 틀렸다

주장이 아닌 증명을 위한 여정 • 119

논리가 아닌 위로, 위로가 아닌 논리 • 122

목적주의에서 탈출하라 • 128

Part 3
충만주의의 회복

Chapter 10 인간의 진짜 의미, 가치 메커니즘 '충만주의' 대각성

삶의 의미, 가치에 대한 인간의 진짜 본성 • **136**

우리는 이미 목적 없이도 삶의 의미, 가치를 느낀 적이 있다 • **139**

'잘 살았음'을 느끼는 원리 • **143**

'충만'이라는 한 단어 • **150**

'충만주의', 인간의 진짜 본성 메커니즘 • **156**

삶의 의미와 가치는 어디에 있는가 • **160**

충만주의는 허무주의가 아니다 • **165**

Chapter 11 충만주의의 적용, 인생의 혁명

충만주의, 경험을 차별하지 않는다 • **171**

충만주의, 결과에 초연해진다 • **184**

제3의 종족, 충만주의자 • **198**

목적주의 vs. 충만주의, 삶을 결정 짓는 두 관점의 차이 • **204**

Chapter 12 충만주의를 시작하는 당신의 미래

이론을 넘어 실천으로, 오늘부터 충만주의자 • **213**

우리의 퍼펙트 데이즈 • **219**

Live Fully • **223**

에필로그 내 인생의 르네상스 • **226**

Part 1

목적주의의 역습

Chapter 1

현대인의 공통 인생 기준 '목적주의' 대해부

나의 의미 있고 가치 있는 삶은 어디로 갔는가

어느 밤, 자려고 누웠는데 문득 이런 생각이 스친 적이 있을 겁니다. "아. 이렇게 사는 게 의미 있는 삶인지 모르겠다." 가슴 깊은 곳에서부터 쎄하게 퍼지는 거대한 허무함. 그런 감정이 간혹 좀 찝찝한 정도로 지나가는 사람도 있고, 인생이 불행할 지경으로 극심한 공허감을 느끼는 사람도 있을 거예요. 아마 조금씩 정도는 달라도 모두가 느낀 적 있을 겁니다. 지금 당신이 이 책을 펼쳐 든 이유도 어느 날 갑자기 뒤통수를 친 '공허'라는, 무시하기 어려웠던 감정 때문일 겁니다.

'공허, 공허' 그러는데 참 추상적인 얘기죠. 이 공허감은 어디서 비롯된 걸까요? 공허감은 당신이 아무 일도 하지 않아서 찾아오는 감정은 아닙니다. 오히려 우리는 누구보다 열심히, 성실하게, 바쁘게 살고 있거든요. 그런데도 "이렇게 사는 게 맞는 걸까?", "나는 지금 제대로 살고 있는 걸까?", "이렇게 사는 삶은 과연 의미가 있나?" 질문이 끊이지를 않습니다.

일상을 복기해보면 이유는 단순합니다. 하루 종일 무언가를 끊임없이 하고는 있지만, 무언가 의미 있고 가치 있는 것을 이루어내지 못했다고 생각하기 때문입니다. 여러분의 경험을 한번 떠올려보세요. 아침에 일어나기 힘들고 월요일은 더 힘들지만, 참고 일하러 공부하러 나갑니다. 왜 그럴까요? 공부하고 일해야 더 의미 있고 가치 있는 삶에 도달할 수 있다고 생각하니까요. 그런데 정말 그 삶에 가까이 가고 있다는 확신은 애매하기만 합니다. 경제는 어렵고 성공 루트는 희미해졌기 때문이죠. 그렇게 공허한 마음으로 하루 일과를 마치고 집에 돌아와 휴대전화로 유튜브와 쇼츠를 보고 SNS를 구경하면서 빈 마음에 재미라도 채워보려고 합니다. 그러다 밤늦은 시간이 되면, 시간 버렸다는 죄책감에 시달리죠. 그 시간에 뭔가 더 생산성 있는 데 투자했어야 한다는 찝찝함이 떠나지 않습니다. 주위를 보면 나 빼고 다들 부지런히 자기계발 하고 쭉쭉 나아가는 것 같은데 나만 항상 이 모양인 것 같습니다. 그런데 도대체 뭘 어떻게 노력해야 하는지 잘 모르겠습니다. 하루가 끝날 때마다 내 삶은 뭔가 의미 있고 가치 있는 삶과는 멀어지고 있다는 느낌이 자꾸 듭니다. 공허한 하루였다는 생각에 한숨이 자꾸 나옵니다.

의미, 가치 있는 삶 vs. 공허한 삶

자신을 향한 물음은 언젠가 죽음 앞에 서면 더욱 날카로워집니다. 죽음을 목전에 두고 있다고 상상해보세요. 자연스레 일생을 되돌아보게 되겠죠. 그 순간 어떤 말을 남기고 싶습니까? "아, 내 인생은 참 의미 있었다." 이렇게 말하고 싶은가요? 아니면 "인생이 참 허무했다"라고 말하고 싶은가요? 후회만 가득 안고 세상을 떠나고 싶은 사람은 아마 없을 겁니다. 여러분 역시 마찬가지일 거예요. 우리는 모두 후회 없는, 의미 있고 가치 있는 삶을 살고 싶어 합니다. 삶은 누구에게나 단 한 번만 주어지는 선물이고, 내 삶이야말로 그 무엇과도 바꿀 수 없는 가장 소중한 것이니까요.

'내 삶은 별로 의미 있고 가치 있지 않았어. 공허하다. 그저 그런 인생이었어.' 생의 마지막 순간 삶을 돌아봤을 때 이런 생각만 든다면 한 번뿐인 인생이 너무 아까울 것입니다. 여러분이 귀한 시간을 들여 이 책을 펼쳐 든 이유도 바로 여기에 있을 겁니다. 내가 생각하는 의미, 가치 있는 삶으로부터 점점 멀어져만 가는 듯한 불안감, 계속 손을 뻗어도 닿을 수 없을 것만 같은 그런 예감이 들거든요.

위로 아닌 위로의 말을 전하자면 여러분만 그런 것이 아닙니다. 과장하면 대한민국, 나아가 이 시대를 사는 모든 사람이 그런 감각을 안고 살아가고 있습니다. 만약 '내 삶은 의미 있고 가치 있어'라고 확신하는 사람이 있다면 단언컨대 그도 곧 공허해질 것입니다. 어떻게 보면 매우 오만하고 위험한 예측일지 모릅니다. 하지만 제가 이렇게 확신하는 이유는 공허함은 우리가 삶을 바라보는 방식에서 비롯된 문제이기 때문입니다.

이 시대를 사는 현대인은 필연적으로 공허합니다. 지금 공허하지 않다고 느낀다면 그것은 착각이고, 머지않아 그 감각을 마주하게 될 것입니다. 그래서 이 책의 제목이 '공허의 시대'입니다. 감히 '시대'라는 단어를 붙인 이유도 여기에 있습니다. 지금부터 그 캄캄한 공허를 직시하고 실체를 들춰볼 것입니다. 뭔가 잘못된 것 같은데 아무도 정확히 얘기하지 않던 찝찝한 감정, 다들 그렇게 사는 것 같은데 나만 이상한 것 같았던 마음. 그 정체를 밝혀보겠습니다.

공허감을 느끼는 기본 메커니즘

'공허하다'는 것은 의미, 가치가 부족하다는 것입니다. 그렇다면 반대로 의미, 가치가 가득한 상태를 가정할 수 있겠죠. 예를 들어 집을 사기 위해 시드머니를 모으는 사람이 있다고 합시다. 1억 원을 모으는 것이 목표인 사람에게 8,000만 원이 있다면, 그는 '아, 내가 2,000만 원만 더 있으면 곧 1억이 되는데!'라고 생각하며 약간 부족함을 느낄 겁니다. 그런데 8,000만 원은 커녕 수중에 200만 원도 없다면 어떨까요? 아무리 열심히 살아도 자기가 정해둔 기준에서 한참 부족하다고 느끼면 '아, 이번 생은 망했어. 이렇게 해서 언제 1억을 모아' 하는 생각이 들겠죠. 하루하루 노력하는 시간이 공허하게 느껴질 겁니다.

이처럼 '내 삶은 공허하다' 혹은 '내 삶은 의미, 가치가 있다'고 판단할 때는 그것을 판단하는 기준점이 있습니다. 자신이 의미 있고 가치 있다고 생각하는 삶의 기준이 100점이라면, 우리는 그 기준에 비춰 지금 내 삶을 90점, 50점, 20점으로 평가합니다. 90점이라면 '약간 공허'하고, 50점이라면 '공허'하고, 20점이라면 '매우 공허'함을 느끼게 되겠죠. 자신이 생각하는 이상적 기준점이 있고, 그 기준에서 멀어질수록 의미 있고 가치 있는 삶에서 멀어지고 있다는 공허감을 느끼게 됩니다. 이것이 바로 우리가 공허감을 느끼는 기본 메커니즘입니다.

그래서 '의미 있고 가치 있는 삶'을 살기 위해서 가장 먼저 해야 할 일은 내가 가진 '100점짜리 기준'이 무엇인지를 정확하게 파악하는 일입니다. 그런데 '당신의 기준은 무엇이냐'라는 질문에 선뜻 대답할 수 있는 사람은 많지 않습니다. 그냥 지금 당장은 그 기준에 도달하지 못하고 있다는 막연한 느낌만 들 뿐입니다.

여기서 이 책에서 반드시 기억해야 할 중요한 개념이 등장합니다. 당신의 무의식에 있는 그 100점짜리 기준을 보여드리려 합니다. 당신뿐만 아니라 놀랍게도 현대인 거의 모두가 공통적으로 가지고 있는 기준입니다. 100퍼센트 충족하면 의미 있고 가치 있는 삶이 완성되고, 멀어지면 공허함을 느끼게 만드는 그 기준. 바로 '목적주의'입니다.

무의식 속 삶의 기준
'목적주의'

이 책에서, 우리 무의식 속에 자리한 삶의 기준점을 의식의 표면 위로 끌어올려 눈앞에 그리듯 설명할 것입니다. 이처럼 비가시적이고 추상적인 개념을 도식화한 뒤 눈앞에 생생하게 펼쳐 보이는 작업을 '의식화', 다른 말로 '코드(CODE)화'한다고 말합니다. 우리 무의식에 존재하는 그 삶의 기준을 코드화하면 다음과 같은 도식이 됩니다.

| 목적주의 |

목적 ⇌ 하루 = 의미, 가치 있는 삶

삶이 공허하다고 느껴질 때 우리는 흔히 '내 삶에 의미, 가치가 없어서' 그렇다고 생각합니다. 그럴 때 우리는 죽음 앞에서 후회 없을 만한, 혹은 하루를 돌아봤을 때 충분히 만족할 수 있는 큰 의미나 가치를 자신의 삶에 덧붙이려 합니다. 바로 이를 '목적'이라고 부릅니다.

그런데 이런 의미와 가치는 너무 커서 오늘 하루를 잘 보냈다고 해서 지금 당장 손에 넣기는 어려울 겁니다. 그리고 먼 미래가 되어서야 실현할 수 있을 겁니다. 그렇기에 우리는 목적이 정해지면 목적을 이루기 위해 그 과정을 잘게 나눕니다. 목적을 향해 가는 과정을 하루 단위로 쪼개고, 매일을 그 목적에 투자하는 것이죠. 하루하루 열심히 살다 보면 언젠가 도달할 수 있으리라 믿으면서 말입니다. 그리고 마침내 그 목적을 이루면 비로소 '잘 살았다'는 느낌이 들 것이라 믿습니다. 이러한 사고방식이 바로 '목적주의'입니다. 앞의 도식입니다. 목적주의 도식 안에서는 오늘 하루의 가치도 명확하게 판단됩니다. 목적을 향한 오늘의 미션들을 잘 달성했다면 뿌듯함을 느낄 것이고, 그렇지 않으면 공허하다고 느끼겠죠.

Chapter 2

목적주의의 정체와 그 매혹의 메커니즘

목적이란 무엇인가

목적 ⇌ 하루 = 의미, 가치 있는 삶

이것이 바로 우리가 지금까지 의미 있고 가치 있는 삶을 위해 설계하고 살아온 방식입니다. 너무 추상적인가요? 일단 도식의 가장 처음인 '목적'이라는 개념에 대해 구체적인 예를 들어 차근차근 짚어보겠습니다.

자, "대한민국 거의 모든 사람의 인생 목적은 '돈'이다"라는 말에 정면으로 반박할 수 있는 사람이 과연 얼마나 될까요? 세상 사람들 대부분은 부자가 되고 싶어 합니다. 전문직이 되든 사업을 하든 비트코인을 해서든 목적은 돈을 많이 벌어서 부자가 되는 것입니다. 부자가 되어 사회에서 영향력을 얻거나, 경제적 자유를 달성해서 내 시간을 온전히 누리거나, 가족과 편안하고 안정된 행복한 삶을 누리고자 하는 것, 이것이 목적입니다. 예술적 성취를 이루거나 과학적으로 위대한 업적을 남기겠다는 포부 또한 목적입니다. 꼭 돈을 많이 벌거나 이름을 날리는 거창한 것이 아니더라도, 어릴 적부터 가슴 한 켠에 품고 있던 '꿈' 역시 목적의 다른 이름입니다.

여기서 우리는 목적과 목표를 구분할 필요가 있습니다. 목적과 달리 목표는 쉽게 말해 '없어도 되지만 있으면 좋고 편한 것'입니다. 이를테면, 1년에 다섯 번 정도 해외여행을 다니겠다는 계획을 세웠다고 칩시다. 그걸 이루면 재미있고 만족스럽겠지만 그러지 못한다고 해도 기분은 좀 안 좋더라도 인생이 비참해지지는 않겠죠. 여기서 '1년에 다섯 번 해외여행 다녀오기'가 바로 '목표'입니다. '목적'과 '목표'는 사전적으로는 비슷한 의미를 지니지만 이 책에서는 두 개념을 구분해서 사용하겠습니다. 말하자면 목표는 단순한 지표와 같습니다. 목표를 달성하면 삶의 질은 나아지겠지만 그 이상의 의미는 없습니다. 반면 목적은 '인생의 목적', '내 삶의 이유'와 연결됩니다. 목적은 내 삶을 평가하는 기준 그 자체입니다. 목적을 이루면 잘 산 인생, 반대로 이루지 못하면 잘 못 산 인생이 되는 것입니다.

물론 아직 목표만 있고 목적이 없는 사람도 있을 것입니다. 하지만 누구든 언젠가는 의미 있고 가치 있는 삶을 살고 싶다는 바람, 즉 삶의 목적에 대한 생각을 하게 됩니다. 어느 날 문득 '내 꿈은 뭘까? 이렇게 살아도 괜찮을까?' 하는 생각이 당신을 찾아와 문을 쾅쾅 두드릴 것입니다. 그저 적당하게 살고 싶고, 돈이 많으면 좋고, 그것만을 위해서 살았더라도 말입니다. 왜냐하면 우리의 무의식 깊숙한 곳에서 이미 목적주의를 따르고 있기 때문입니다.

우리는 무엇을 위해 평생
방법과 계획을 세워왔나

목적 ⇌ 하루 = 의미, 가치 있는 삶

목적은 하루 만에 이룰 수 있는 것이 아닙니다. 누군가의 '소박한 꿈'이라 할 수 있는 집 한 채도 손쉽게 가질 수 있는 대상이 아니죠. 하루만 일해도 8억 원짜리 아파트가 내 것이 된다면 얼마나 좋을까요? 하지만 그런 일은 없습니다. 아무리 작은 목적이라도 결국에는 잘게 쪼개야 닿을 수 있습니다. 쪼갠다는 것은 곧 방법을 찾고 계획을 세운다는 의미입니다.

예를 들어, '경제적 자유를 얻는 것'이 목적인 A라는 사람이 있습니다. 2025년 상반기 한 금융사 리포트에 따르면, 한국인이 경제적 자유를 달성하기 위해 필요한 자산은 약 72억 원에 달한다고 합니다. A가 이 금액을 만들기 위해 1년에 3,000만 원씩 모은다고 가정해봅시다. 그 정도면 혼자 사는 사람이라도 거의 안 먹고 안 쓰며 모으는 수준이고, 자녀가 있다면 맞벌이를 한다 해도 대단히 많이 모은 액수입니다. 하지만 어렵사리 1년에 3,000만 원을 모아도 72억 원을 만들기까지는 무려 240년이 걸립니다. 이번 생 내에 목적을 달성해 삶을 의미 있고 가치 있는 것으로 만드는 데 이 같은 실현 불가능한 계획은 별 의미가 없습니다. 사실 계획이라고 말하기도 힘듭니다.

A는 아마 실현 가능한 방법을 찾아 나설 것입니다. 72억이라는 거대한 목적에 다가가기 위해 어떻게 삶을 체계적으로 꾸려야 할지 고민하겠지요. '우리나라는 역시 부동산이니 부동산 투자를 한다.' '아니, 부동산은 좀 아닌 것 같아. 이제는 주식이다.' '주식도 아닌 것 같아. 한국 주식은 끝났어. 이제는 미국 주식이다.' '아니다. 미국 주식도 지난 것 같다. 답은 코인이다.' …… 익숙한 패턴이지 않나요? 우리는 대개 목적과 가까워질 수 있는 최선의 방법, 가장 효율적이고 효과적인 방식, 그리고 될 수 있으면 덜 고통스러운 경로를 끊임없이 탐색하고, 나의 계획으로 채택합니다.

돈을 모으거나 불리는 것이 아닌 다른 목적을 추구할 때라도 흘러가는 양상은 똑같습니다. 예컨대 '공부를 열심히 해서 위대한 업적을 이루겠다'는 꿈을 가진 10대 학생 B의 경우라면 어떨까요. 이 학생 역시 최종 목적지에서부터 역산해서 계획을 세울 것입니다. 만약 하버드대학교에 진학해 인공지능을 연구하는 연구원이 되는 것이 최종 목적을 이루기에 가장 근접한 방법이라면, 먼저 국내에서 내로라하는 대학에 진학해야 한다고 판단합니다. '서울대 컴퓨터공학과를 가는 게 좋겠지? 커트라인을 맞추려면 어떤 선생님의 인강 커리큘럼을 따르는 것이 좋다고 하네. 그럼 나는 오늘부터 언제까지 인강 5강씩 듣고, 문제집은 20쪽씩 풀면 되겠다.' 이런 식으로 목적으로부터 역산하여 일상에서 지켜야 할 방법과 계획을 촘촘히 구성합니다.

목적을 위해 하루를 살다

목적 ⇄ 하루 = 의미, 가치 있는 삶

자, 이제 방법과 계획은 완성되었습니다. 눈앞에는 오늘 해야 할 미션이 선명하게 주어집니다. 앞서 말한 A는 '경제적 자유'

라는 목적을 향해, 오늘 하루 시드머니를 모으기 위해 지출을 줄이고 저축 목표 금액을 지키려 노력할 것입니다. 학생 B는 '하버드 진학'이라는 목적을 위해, 매일의 미션인 인강 5강 수강과 문제집 20쪽 풀이를 성실히 실천해나갈 것입니다.

이제 하루를 마무리하며 '오늘 하루가 의미 있고 가치 있었는가'를 판단하는 방식도 분명해집니다. 먼 미래의 목적을 위한 오늘의 계획을 잘 지켰다면 오늘은 의미 있고 가치 있는 하루입니다. 반대로 지키지 못했다면 공허한 하루가 되겠죠. 결국 최종 목적을 이루어야 의미, 가치 있는 삶이 되기에 계획한 대로 보내지 않은 하루는 쓸모 없고 '낭비'한 것밖에 되지 않습니다. 이것이 우리가 '목적주의 도식'에 따라 삶을 설계하고 평가하는 방식입니다.

모든 것은 너무 명확하고 완전해 보입니다. 그러나 때로는 이대로 잘 안 될 때가 있습니다. 매일같이 주어진 미션을 지키지 못하는 나를 자꾸 발견하게 되는 것이죠. 그때부터 우리는 이 '위대한 목적주의 도식'을 어떻게 해서든 완성하려는 고군분투를 시작합니다. 내 소중한 삶이 공허하게 끝나면 안 되니까요. 의미 있고 가치 있는 삶의 기준을 어떻게든 달성해야 한다는 절박함이 우리를 다시 움직이게 합니다.

Chapter 3

절대 기준이 된
목적주의의 지배 구조

우리는 '목적'이 선명해지도록
고군분투해왔다

목적 ⇌ 하루 = 의미, 가치 있는 삶

'목적주의 도식 그대로 살아야만 내 인생은 의미 있고 가치 있는 삶이 될 텐데, 왜 자꾸 실패하는 걸까? 도식을 다시 점검해 보자.' 우리는 그렇게 생각하며 무의식적으로 도식의 출발점인 '목적'부터 다시 살펴보게 됩니다. 그리고 주위에서는 이런 이야기들이 들려오기 시작합니다.

"당신이 이루겠다는 목적이 너무 막연하네요. 더 생생하고 구체적으로 그려야 합니다."

"A씨, 72억이라는 숫자도 너무 추상적입니다. 한강이 보이는 아파트를 원한다면 거기에 직접 가서 그 아파트를 만져보고, 올라가서 한강도 내려다보고 사진도 찍고 해봤어야죠."

"B군, 서울대 컴퓨터공학과를 정말 간절하게 바라는 게 맞나요? 적어도 서울대 교문에도 직접 가보고, 컴퓨터공학과 강의실 사진도 찍어서 책상 앞에 붙여놔야 생생하게 동기부여가 되죠."

우리는 목적을 조금이라도 더 또렷하게 상상하기 위해 비주얼 보드를 만들고, 관련 영상들을 찾아보고, SNS에서 목적을 구체화하여 성공한 사람들의 생생한 후기를 찾아 들으며 '아!' 하고 무릎을 칩니다. "그래, 바로 이거였어. 그래서 내가 목적주의 도식대로 살지 못했던 거야." 마치 해답을 발견한 듯한 안도감이 찾아옵니다.

아예 목적이 없는 사람은 더 조급해집니다. 무의식 속에 정답으로 설정되어 있는 목적주의 도식에서 첫 단추부터 아예 비어 있기 때문입니다. 꿈을 찾은 사람들의 비결을 듣기 위해 미친 듯이 강연장을 쫓아다니고 인생의 목적을 찾는 방법에 대한 책을 읽어댑니다. 운명처럼 자신의 꿈을 찾은 사람들을 부러워하고, 왜 나에게는 그런 목적이 없는지 자책하고, 더 열심히 분발해보려 애씁니다. '목적'이 있어야 비로소 도식이 시작되니까요. 그래야 나의 의미 있고 가치 있는 삶이 시작되니까요.

우리 모두는 '선명한 목적'을 찾기 위해 고군분투해왔습니다.

우리는 '방법과 계획'이 선명해지도록 고군분투해왔다

목적 ⇄ 하루 = 의미, 가치 있는 삶

만약 당신이 마침내 목적을 구체화하는 데 성공했다고 합시다. 인생의 롤 모델을 정하고, 강연을 듣고, 책도 읽으면서 열심히

'R=VD(생생하게 꿈꾸면 이루어진다)'를 외며 충분히 만족스럽게 꿈을 구체화하는 데 성공했습니다. 서울대, 연고대, 하버드대 AI 연구진, 고급 자동차와 시그니엘 아파트……. 꿈과 관련된 자료들을 눈에 보이는 곳마다 덕지덕지 붙여 두었고, 유튜브 알고리즘은 당신이 원하는 라이프스타일로 가득합니다. 그런데도 또 잘 되지 않습니다. 그러면 우리는 다시 무의식 속 '목적주의 도식'에서 그 다음 단계를 의심하기 시작합니다. 바로 '방법과 계획'입니다.

오늘날을 살아가는 현대인에게 "꿈을 향한 스텝이 어그러지는 이유는 언제나 '방법과 계획'이 잘못되었기 때문"이라는 믿음은 만고불변의 진리처럼 받아들여져 왔습니다. 그래서 우리는 방법과 계획에 집착합니다. 무언가 잘 안 풀릴 때마다 방법을 바꿔야 한다고 생각하고, 계획을 새로 짜야 한다고 확신합니다. 더 똑똑한 전략, 더 효율적인 루틴, 더 성공할 수 있는 방식이 어딘가 있을 거라 믿으며 수많은 레퍼런스를 찾아다닙니다.

앞의 A씨는 각종 투자 강의, 부동산·주식·코인 설명회를 전전할 것이고, B군은 어떤 인강이 더 좋은지, 정말 하루에 인강 5강을 듣는 게 맞는지 아닌지를 수정하고 또 수정할 것입니다. 정말 '이거다!' 싶은 방법과 계획을 찾을 때까지 말이죠. 유튜브나 블로그, 커뮤니티에서 '이렇게 하고 인생 바뀜', '이게 진짜 효과 직방임' 같은 글을 볼 때마다 또 다시 마음이 흔들릴 것입니다. 지금 나의 방식이 틀렸을지도 모른다는 불안감은 계속해서 방법과 계획을 수정하고 점검하게 만듭니다.

우리는 '하루'가 선명해지도록 고군분투해왔다

목적 ⇌ 하루 = 의미, 가치 있는 삶

자, 좋습니다. 목적도 생생하게 구체화했고, 그 목적에 이르기 위한 새로운 방법도 더 효율적으로 정비했습니다. 이제 남은 건 하루하루의 실천뿐입니다. 이른바 '갓생'의 시작이죠. 이 하루들이 모여 목적을 달성하게 하고, 그렇게 나의 의미 있고 가치 있는 삶이 완성될 테니까요.

그런데 또 이 '하루'가 내 마음대로 되지 않습니다. 해야 할 미션이 명확한데도 나는 또 게을러집니다. 손은 자꾸 휴대전화로 향하고 루틴은 3일을 못 넘기고 무너지죠. 그냥 둘 수는 없습니다. 이 '하루'를 완성시키기 위해 우리는 또 다른 고군분투를 시작합니다.

대표적인 노력이 바로 '동기부여' 콘텐츠들을 찾아 헤매는 것입니다. '머리 박고 미친 듯이 해! 이대로 루저가 될 거야?'라는 독설 영상부터, '괜찮아. 안될 땐 조금 돌아가도 좋아'라고 달래는 영상까지. 이 영상들로도 안 되면 미라클 모닝, 타임 블로킹, 무한 루틴 같은 '실천 방법'을 적용해보기도 합니다.

자, 아마 당신이 해왔던 노력, 현대인들의 일상이 전부 그대로 들어 있는 묘사들일 겁니다.

우리는 목적주의 도식 안에서 살아왔다

목적 ⇌ 하루 = 의미, 가치 있는 삶

이제 다시, 우리가 지금까지 따라온 이 도식을 한번 볼까요? 지금까지 우리는 의미, 가치 있는 삶을 살기 위한 현대인의 고군분투를 '의식화'하여 살펴봤습니다. 인생이 캄캄해질 때마다 우리는 늘 같은 틀 안에서 맴돌았습니다. '목적이 구체적이지 않은가?', '방법이 비효율적인가?' 아니면 '마음가짐과 태도가 너무 게으르지 않은가?' 그렇게 우리는 이 도식 안에서 원인을 찾고 또 찾아왔습니다. 왜 이렇게 살아왔을까요? 왜 매일같이 스스로를 채찍질하며 가슴을 뛰게 하는 동기부여 콘텐츠와 성공 서사를 찾아 다녔을까요? 우리가 그렇게까지 고군분투했던 이유는 우리의 무의식이 바로 저 도식, 저 완벽해 보이는 수학식을 완성해야만 비로소 삶이 가치 있어진다고 굳게 믿어왔기 때문입니다. 이 도식이 곧 '완전한 삶의 기준'이고, 이 기준에서 멀어질수록 내 삶은 공허해질 것이라고 위기감을 느꼈기 때문입니다.

어떻습니까? 지금까지 당신이 의미 있고 가치 있는 삶을 위해 들인 수많은 노력들, 그 모든 고군분투가 결국 이 도식 안에 그대로 담겨 있다는 것을 이제는 분명히 알게 되었을 것입니다. 이것이 '의식화'의 힘입니다. 그리고 이렇게 뚜렷하게 구조를 인식하면, 더 나은 삶을 위한 '대안'도 그만큼 쉽고 선명하게 찾을 수 있습니다.

혹시 '이제 목적, 방법과 계획, 하루로 딱딱 나누어 문제점과 대안을 찾으면 되겠군' 이런 생각이 드시나요? 아니면 '이 책의 다음 장에서 그 세 부분에 대한 솔루션을 알려주겠지'라고 기대하시나요? 예컨대 '진정한 꿈을 찾는 법', '완벽한 방법과 계획을 수립하는 법', '매일매일 의지를 유지하는 법' 같은 내용 말입니다.

보통의 자기계발서라면 그 방향으로 흘러가겠지만 이 책은 완전히 다를 겁니다. 왜냐하면 그런 접근들은 '목적주의 도식이 옳다'는 전제를 당연한 것으로 깔고 있기 때문입니다. 그러나 만약 그 전제가 틀렸다면요? 저 완전해 보이는 도식이 오히려 문제의 핵심이라면요? 당신이 지금껏 충실히 따라온 그 삶의 틀 자체가 문제라면요? 틀 안에서 아무리 허우적대도 결국엔 똑같은 결과로 되돌아오게 되어있다면요?

당신이 잘못된 것이 아니고
기준이 틀린 것이다

앞서 계속 이야기한 '목적주의'는 현대인의 무의식 깊숙이 뿌리내린 절대적 기준이자 의미 있는 삶을 판별하는 대전제로 기능해왔고, 우리 모두는 그 기준을 의심 없이 따르며 그에 맞춰 인생을 설계해왔습니다. 그러나 이 기준 자체가 처음부터 틀린 것이라면 어떨까요? 당신이 지금 공허하다고 느끼는 건 가치 있는 삶에서 멀어졌기 때문이 아닙니다. 사실 당신은 단지 애초에 도달할 수도 없고 실재하지도 않는, 매우 틀린 기준에서 멀어졌을 뿐입니다. 당신이 공허한 이유는 마치 수학 공식처럼 정교하고 그럴듯해 보이지만, 실제로는 그동안 인간의 삶에 전혀 맞지 않는 인생 기준에 억지로 자신을 끼워 맞추며 살아왔기 때문인 겁니다.

목적주의를 따르는 삶은 영원히 공허할 수밖에 없습니다. 아무도 목적에 닿을 수 없기 때문입니다. 그럼에도 우리는 그 기준에 도달하기 위해 집단적으로 자학에 가까운 짓을 하고 있습니다. 자신을 몰아붙이고, 방법을 바꾸고, 하루하루를 설계하며 온 힘을 쏟아붓죠. 하지만 아무리 최선을 다해 달렸어도 돌아보면 '왜 이렇게까지밖에 못했을까' 하는 자책과 허무만이 남아있을 것입니다. 혹시 지금은 목적주의 도식을 따르는 삶의 방식에 만족하고 있을지도 모릅니다. 그러나 머지않아 그 공식에서 반드시 이탈하게 될 것입니다. 목적주의 도식은 인간의 삶에 맞는 공식이 아니기 때문입니다.

자, 이제부터 우리는 의미 있고 가치 있는 삶을 회복하기 위한 방법을 알아갈 것입니다. 책을 다 읽고 나면 당신을 짓누르던 공허가 걷히고, 나락에 빠진 듯한 기분에서 벗어나 완전한 삶의 의미와 가치감을 경험하게 될 것입니다. 당신은 그동안 치열하게 노력해왔습니다. 막다른 길에 다다를 때마다 수많은 매체와 책, 조언을 통해 완벽한 꿈을 찾는 법, 꿈을 이루는 완벽한 방법과 계획을 세우는 법, 게으름을 이기는 최고의 동기부여 방법 따위를 삶에 들여왔을지 모릅니다. 그러나 저는 여러분이 지금껏 들어온 것과는 전혀 다른 이야기를 해보려 합니다. 목적주의 도식을 완전히 파괴하고 무의식에 뿌리 박힌 기존의 공식을 전부 뒤집어버릴 것입니다.

평생에 걸쳐 강화해온 관성, 아니 관성을 넘어 본성처럼 굳어진 내 안의 깊은 신념을 전면 철회하려는 이 싸움은 굉장히 힘든 과정이 될 겁니다. 저는 기존의 관성과 충돌할 질문을 끊임없이 던지고 지적하며 여러분의 마음속에 단단히 똬리를 튼 목적주의라는 '악령'을 자극할 것입니다. '나는 목적이 있어. 내 방법은 확실해. 나는 지금 하루하루를 꽉 채워 살고 있어'라며 계속 반발심이 일지도 모릅니다. 그게 무엇이든, 저는 여러분이 반박할 만한 질문을 먼저, 어쩌면 더 많이 던질 것이고, 그렇게 해서라도 여러분 안에 있는 악령을 끄집어내겠습니다. 그 과정 끝에 우리는 마침내 목적주의라는 삶의 기준이 완전히 허상이라는 결론에 도달할 겁니다.

'공허'는 이제 단지 한 개인의 감정이 아니라 시대의 키워드가 되었습니다. 이는 목적주의가 우리 사회의 디폴트 값이 된 결과입니다. 사회구성원 모두가 목적주의가 옳다고, 그렇게 사는 삶이 기본이라고 세뇌당했기 때문입니다. 여러분의 안녕을 위협하는 목적주의라는 허상에 다시는 흔들리지 않도록, 하나씩 아주 철저히 해체해보겠습니다.

Part 2

목적주의의 해체

Chapter 4

목적은
허상이다

목적 ⇌ 하루 = 의미, 가치 있는 삶

가장 먼저 해체할 것은 바로 '목적'입니다. 우리는 평생 꿈을 찾고, 꿈을 쫓고, 꿈에 집착해왔습니다. 인생에 목적이랄 게 없다면 그 삶은 무의미한 것이며, 세상에 태어난 이상 원대한 꿈을 꾸고 그것을 달성하면 남 부럽지 않게 잘 산 삶이라 여겨왔습니다. 그러나 착각하지 마십시오. 인생을 완벽하게 만드는 그런 목적 따위는 없습니다. 있을 법하지만 허상입니다. 단언컨대 인간이 절대적으로 만족하고 확신할 수 있는 목적은 없습니다.

우리는 100점짜리 목적을 가정합니다. 그리고 이 목적을 얼마나 달성했느냐에 따라 내 삶이 얼마나 '의미, 가치 있는 삶'이었는지 평가합니다. 그런데, 애초에 100점이라는 기준은 누구에 의해 어디에서 어떻게 만들어진 것인가요? 내 삶은 출처를 알 수 없는 이런 의문의 기준에 의해 '70점이니 그래도 잘 살았다', 혹은 '10점이니 형편없었다'고 평가받고 있는데, 정작 우리는 '100점짜리 목적이란 무엇인가'가 아닌 '어떻게 해야 100점 인생을 사느냐'의 문제에만 천착해왔던 건 아닌지 알아차릴 필요가 있습니다. 100점에 가까운 삶의 기준을 지향해야 한다는 말이 아니라 애초에 100점짜리 목적이랄 게 존재하지 않는다는 이야기를 하는 겁니다.

그럼 목적은 사람에 따라 상대적인 것이고, 나에게 100점짜리라면 그 자체로 완벽한 것 아니냐고 반문할 수도 있습니다. 다시 말하지만, 그런 목적은 아예 없습니다. 당신이 끝끝내 무언가를 달성했을 때 "정말 만족스럽다. 하지만 내가 부족해서 30점 정도 아쉬워"라고 말할 수 있는 완벽한 기준의 목적, 다른 말로 하면 우리에게 절대적 만족감을 주는 목적이란 세상에 없다는 말입니다.

목적은 허상이다 1:
질문들

지금부터 여러분의 마음속에 똬리를 튼 그 100점짜리 목적이라는 것에 질문을 던져보겠습니다. 누구나 한 번쯤 꿈꿔봤을 '경제적 자유'부터 시작해봅시다. 자유란 사전적으로 외부적인 구속이나 무엇에 얽매이지 않고 자기 마음대로 할 수 있는 상태를 의미하는데, 현대인이 만들어낸 경제적 자유라는 말에서 '자유'란 도대체 뭘까요? 조직에서, 남 밑에서 일하지 않는 것이 자유라면 그렇게 일하는 사람들은 모두 노예인 걸까요?

마침내 경제적 자유를 이루어 평생 일하지 않아도 먹고살 수 있는 돈을 손에 넣으면 내가 하고 싶은 것만 하며 마음대로 살 수 있다는 생각에 처음에는 더 바랄 게 없을지도 모릅니다. 하지만 요트도 타고 카지노도 드나들며 즐거움과 쾌락으로 삶을 가득 채우는 것이 진정 최고의 만족에 이르는 길인지는 아무도 확신할 수 없습니다. 인간은 적응하고 세상은 계속 변하니까요. 신나게 놀다 보니 역시 사회적 영향력이 중요하다고 생각하면서 회사나 사회적 재단을 설립하고 다시 출근할지도 모르는 일입니다. 그렇다면 이 경우엔 삶의 목적이었던 경제적 자유를 이룬 것이라 할 수 있는 것일까요? 어딘가에 속해서 출퇴근하며 일하지 않으려 그토록 애썼던 것인데 말입니다. 인생의 목적이었던 '자유'라는 걸 성취한 것이 맞나요?

혹자는 경제적 자유 말고 '부' 자체로 완전히 만족할 수 있다고 생각할지 모릅니다. 매체에는 그런 순간을 맞이한 사람들이 소개되고, 그들은 너 나 할 것 없이 만면에 미소가 피어있거든요. 사람들은 TV나 기사, 유튜브 영상 등으로 성공한 사람들의 행복한 모습만 보고 "전용기가 있다니, 좋겠다", "고시촌에 살다가 지금은 성공했네. 더는 소원이 없겠다" 하고 부러워하죠. 그러나 미디어에 보이는 것은 순간에 대한 묘사일 뿐이지, 그들의 '삶 전체'가 아닙니다. 그 순간의 모습은 그들이 지금 이 순간에도 완벽하게 만족하며 살고 있다는 사실을, 모든 갈증이 해소된 채 살아가고 있다는 사실을 보장하지 못합니다. 인생은 신데렐라 이야기처럼 '행복하게 살았답니다' 하고 가장 찬란해 보이는 순간에 끝나지 않습니다.

돈이 아닌 다른 가치를 더 중요하게 생각하는 사람들도 있습니다. 많은 이들이 꿈꾸는 행복과 건강, 화목하고 사랑이 넘치는 가족이라는 가치도 따지고 들어가보면 모호합니다. '행복'이라고 할 때 우리는 보통 어떤 상태를 떠올릴까요? 대부분은 적당한 돈과 건강, 적당히 평온한 가정, 적당히 부담 없는 일상 같은 걸 그릴 겁니다. 그런데 여기서 중요한 점은 '적당히'라는 말입니다. 무엇이 적당한지는 누가 정할까요? 하루 세 끼를 맛있게 먹고 잘 자면 행복한 걸까요? 아니면 남들보다 더 나은 삶을 살고 있다는 만족감까지 포함되어야 하나요? 건강 역시 감기 한 번 걸리지 않고 사는 상태를 말하는 건가요, 아니면 주기적으로 검진을 받고 운동까지 병행하는 상태를 기준으로 해야 하는 걸까요? 평온한 일상이라면, 스트레스 없는 날들이면 되는 걸까요, 아니면 삶의 모든 리스크를 제거한 '완벽히 안전한 삶'을 말하는 걸까요? 다시 말해 우리가 중요하게 여기는 행복, 건강, 안정 같은 단어들은 얼핏 분명한 것처럼 보이지만 막상 구체적으로 정의하려 하면 매우 모호해집니다.

겨우 확실한 한 가지 목적을 정했다고 해도 문제입니다. 다른 가치들이 눈에 보이고 또 아쉬워지기 시작하거든요. 경제적 자유와 성공을 목적으로 정하면 가족과의 행복과 사회에 대한 봉사가 아쉬워집니다. 가족과의 행복을 목적으로 정하면 사회적 인정이 아쉬워집니다. 완전히 의미, 가치 있는 삶을 위해서 목적을 정하는 건데, 아쉬움이 있으면 문제가 됩니다. 자유, 건강, 가족, 명예, 영향력……. 어느 하나로는 부족하고, 그렇다고 여러 개를 섞는다고 해도 뭔가 확실히 정리되지 않는 느낌이 남습니다. 세 가지, 네 가지 가치를 적당히 조합하면 완벽한 답이 나올까요? 그 비율은 어떻게 정할 수 있을까요? 3대 2대 1? 아니면 4대 3대 3? 수학처럼 딱 떨어지지 않고 애매함만 계속됩니다.

많은 사람이 "저는 꿈이 없어요"라거나 혹은 "꿈을 찾고 있어요"라고 말합니다. 그들은 사실 꿈이 없는 게 아니라 스스로에게 이 목적이 정말 완전한지에 대한 근본적인 질문을 너무 많이 던져왔기 때문일 수 있습니다. 반대로 확실한 꿈이나 목적이 있는 사람은 어쩌면 아직 스스로에게 질문을 던지기 전일지도 모릅니다. 그러나 인간이라면 누구든 결국 이 질문들과 마주하게 됩니다. 그리고 마주한 끝에는 대부분 이렇게 말하게 될 것입니다. "잘 모르겠다"라고요.

이쯤에서 다시 묻고 싶습니다. 정말로 확신을 가질 수 있는 목적이 존재할까요? 모두가 수긍할 만한 삶의 정답이 있을까요? 당연하게도 수천 년 동안 이런 질문들에 천착해온 사람들이 있습니다. 삶의 목적에 대해 학문적으로 탐구한 학자들입니다. 이들이 어떤 결론에 도달했는지 그 학문적 여정을 따라가 보겠습니다.

목적은 허상이다 2:
철학과 진화학

'인간이 완전히 만족할 수 있는 절대적인 의미, 절대적인 목적은 존재할까?' 이것은 철학자들이 수천 년에 걸쳐 던져온 질문이었습니다. 앞서 이야기한 경제적 자유, 행복, 건강, 가족 같은 가치를 두고 우리가 느끼는 찜찜함이 단순히 혼란이거나 선택의 어려움 때문일까요? 아니면 정말로 그 어떤 것도 완전한 삶의 목적이 될 수 없기 때문일까요?

철학은 바로 이 질문에 대한 탐구에서 시작됐습니다. 철학자들은 '도대체 어떤 목적이 인간을 완전히 만족시킬 수 있는가'를 아주 오랜 시간 동안 고민해왔습니다. 만약 철학자들이 하나의 명확한 답을 찾았다면 인류 전체가 그 가치를 향해 일제히 방향을 맞췄을 것입니다. 하지만 모두가 알다시피 그런 일은 일어나지 않았습니다.

혹 '단 하나의 목적이 아니라 여러 목적을 찾은 것은 아닐까?'라고 생각할 수도 있습니다. 성취 지향적인 인간은 업적을, 헌신적인 인간은 봉사를 중요한 가치로 두는 것처럼 인간 유형별로 적절한 가치를 분류할 수도 있고, '가족과 건강 4대 6', '봉사와 영향력 3대 7' 식으로 가치들을 적절한 비율로 조합하여 따르는 것도 하나의 방법이겠죠. 만약 이 방식이 충분히 보편적이고 설득력 있는 해법이었다면 그 역시 수많은 연구자들이 만들어내어 고전처럼 계승해왔을 것입니다. 하지만 수천 년의 철학적 탐구 끝에도 그런 리스트는 등장하지 않았습니다.

아주 원시적인 초창기 철학의 몇몇 이론을 제외하고, 그 이후에 발전한 철학 역사를 통틀어 "인간이 달성하면 완전히 만족하는 목적이 있다"라고 주장한 철학자는 단 한 명도 없습니다. "인간은 이러이러한 목적을 위해 살아야 한다"라고 주장한 철학자는 없다는 것이죠. 오히려 "어떤 목적을 위해 인생을 살아서는 안 된다"라고 주장한 철학자들만 있을 뿐입니다.

혹시 철학은 너무 추상적이라고 생각하나요? 그렇다면 과학의 결론을 이야기해보겠습니다.

찰스 다윈의 『종의 기원』은 여전히 인류 역사를 바꾼 가장 강력한 '사상서' 중 하나로 꼽힙니다. 분명히 과학과 진화론에 대한 책이지만, 그 결론이 인간과 철학자들이 그토록 관심 있어 하던 인간 존재에 대한 근본적인 궁금증에 답을 주었기 때문입니다. 이전까지 철학은 인간의 근본적인 존재 이유에 대해 답을 찾고자 했습니다. 인간의 존재 이유가 명확하다면 그 이유대로 삶의 목적을 설정하면 진정으로 '완전한 삶'에 다다를 수 있다고 생각했기 때문입니다. 그러나 진화학은 '인간은 존재하게 되었기 때문에 존재한다'는 충격적인 답을 내놓았습니다. 수많은 생물학적 우연이 겹친 결과, 돌연변이 중 하나가 지구 환경에 적응하여 살아남았을 뿐이라는 것입니다.

진화학에 대한 가장 큰 오해는, '인간이 지구 환경에 적응하기 위해 스스로 진화했다'라는 명제입니다. 대표적인 오해의 발상지가 인간이 사족에서 점점 이족으로 직립해가는 과정의 그림이죠. 인간이 마치 두 발로 서기 위한 '목적'을 위해 노력하고 진화해온 것처럼 느껴집니다. 그러나 정확한 사실은 전혀 다릅니다. 수많은 우연한 돌연변이 중에 두 발로 서는 인간이 살아남았을 뿐입니다. 발이 세 개인 돌연변이가 있었고 지구 환경에서 크게 죽을 만한 문제가 없었다면, 우리는 지금 발을 세 개 가지고 있을 수도 있습니다. 이처럼 우리의 모든 신체는 우연한 돌연변이 중 하나였을 뿐이고, 그저 죽지 않았기 때문에 지금의 모양으로 유지된 것뿐입니다. 인간이라는 형상은 어떤 위대한 목적을 위해 만들어진 것이 아닙니다. 생존도 목적이 아닙니다. 생존되었기 때문에 생존한 것이지, 생존을 위해 그 모양을 만든 것이 아닙니다.

이것이 정확한 진화학의 결론입니다. 인간은 우연의 산물이자, 생존의 결과일 뿐입니다. 인간은 어떤 목적을 위해 설계된 존재가 아닙니다. '살아있음'이라는 사실만이 유일한 가치일 뿐, 어떤 내재된 근본적인 목적을 갖고 태어난 존재가 아니라는 것입니다.

그리고 이렇게 철학과 진화학이 만났습니다. 요약하면, 철학은 "인간을 100퍼센트 만족시키는 절대적인 목적은 없다"고 말하고, 진화학은 "인간은 어떤 목적을 위해 태어난 존재가 아니다"라고 말합니다. 서로 다른 길에서 출발했지만 두 학문은 "목적을 좇는 삶은 인간의 본성과 어긋난다"는 같은 결론에 도달했습니다. 이 결론이 허무하게 느껴질 수도 있고, 반대로 몹시 자유롭게 느껴질 수도 있습니다. 어쨌든 분명한 사실은 하나입니다. 인생의 목적 같은 건 애초에 없다는 것, 그리고 이것이 인류가 수천 년간 탐구해온 결과라는 것입니다.

그러면 이제 다른 의문이 생깁니다. 그렇다면 우리는 지금까지 왜 그렇게 목적에 집착해왔을까요? 목적이란 것은 존재하지도 않는다면서 왜 인류는 마치 그것이 있는 양 평생을 바쳐 따랐던 걸까요? 지금부터는 그 질문에 답해보겠습니다.

목적은 허상이다 3:
자본주의 착시

우리는 모두 의미 있고 가치 있는 삶을 살기를 바랍니다. 그 바람 자체는 너무도 간절하고 순수합니다. 그리고 이러한 마음이 고대부터 지금까지 인간을 이끌어온 가장 강력한 내적 동기 중 하나입니다. 문제는 이 바람이 우리를 허상으로 이끌기도 한다는 점입니다.

오래전부터 사람들은 '의미 있고 가치 있는 삶이란 어떤 위대한 목적을 이루었을 때 성취되는 것'이라는 공식을 믿어왔습니다. 이 공식이 추상적인 철학과는 달리 직관적이며, 논리적으로 매끄럽고 이해하기 쉽기 때문입니다. 먼저 큰 목적을 세우고, 그것을 하루하루로 쪼개 실천해나가는 것. 매일 잠들기 전에 오늘 얼마나 그 목적에 가까워졌는지를 점검해보고, 그렇게 하루하루가 쌓이면 죽을 때 "나는 잘 살았다"고 말할 수 있을 것이라는 믿음. 이 구조는 너무나도 완벽해 보여서 많은 이들의 마음을 사로잡았습니다.

목적 ⇌ 하루 = 의미, 가치 있는 삶

하지만 이 공식은 결정적인 약점을 갖고 있습니다. 그토록 중요하다고 믿는 '목적'이란 것이 막상 너무나 애매하다는 점입니다. 사랑, 평화, 가족, 행복 같은 말들은 그럴듯하지만 구체적으로 정의하라고 하면 다들 멈칫하게 됩니다. 그 순간 혼란이 찾아오죠. 그러나 곧 이 애매모호한 '목적'까지도 뚜렷하게 만드는, 우리를 열광시키는 어떤 것이 출현했습니다. 바로 '자본주의'입니다.

자본주의는 이 모든 애매함을 구체적이고 눈에 보이는 숫자로 치환했습니다. 인정, 성공, 성취, 자유 같은 모호한 단어들을 아주 정확한 수치로 환산했습니다. 돈으로, 팔로워 수로, 조회 수로, 아파트 평수로 말이지요. 수치는 누구나 이해할 수 있고 누구나 비교할 수 있습니다. '72억 원'이라는 숫자는 더 이상 추상적인 자유나 성공을 의미하지 않습니다. 아주 구체적인, 계좌에 찍히는 실체 그 자체죠. 유튜브 구독자 수, 인스타그램 팔로워 수는 곧 내가 얼마나 '인정받고 있는가'를 보여주는 지표가 됩니다. 이 숫자들은 현실감을 줍니다. 내가 얼마나 의미 있는 삶을 살고 있는지를 손에 잡히게 해줍니다. 이렇게 목적주의가 자본주의를 만나자, 인간은 '절대적 삶의 목적'이 있다는 착각에 빠지게 되었습니다.

하지만 여기서 반드시 짚고 넘어가야 할 것이 있습니다. 구체적이라고 해서 그것이 완전한 의미와 가치를 보장하는 것은 아니라는 점입니다. 삶의 목적은 그것을 내 삶에 장착했을 때 '완전히 만족스러운가'로 판단되는 것이지 '얼마나 눈에 보이고 구체적인가'로 판단되는 것이 아닙니다. 72억 원이라는 숫자는 매우 구체적입니다. 하지만 그 구체성이 삶에 '완전한 만족'을 주느냐는 전혀 다른 문제입니다. 30만 팔로워라는 숫자는 명확합니다. 하지만 그것과 '완전한 행복'이라는 것은 별개의 문제입니다. 오히려 돈, 인기가 전부가 아니라는 사실은 보통 사람들도 다 알고 있습니다. 굳이 철학까지 들추지 않더라도 말입니다. 핵심은 '구체적이라고 해서 완전한 인생의 목적은 아니'라는 것입니다. 구체성과 완전성은 구분되어야 합니다. 그러나 우리는 자본주의의 착시에 속아 그 둘을 같은 것으로 착각해왔습니다.

우리는 지금까지 세 가지 이유로 목적주의를 믿고 따라왔습니다. 하나, 의미 있는 삶을 살고 싶다는 절실한 욕구. 둘, 그것을 너무도 잘 설명해주는 깔끔한 인생 도식. 셋, 자본주의가 제공하는 구체적인 수치와 평가 시스템. 이 세 가지는 우리의 무의식을 조용히 설득해왔습니다. 믿는 쪽이 더 쉬운 선택이라고 말입니다. 우리는 그렇게 목적이라는 허상을 현실처럼 굳게 믿게 되었습니다.

목적은 허상이다 4:
반례

지금껏 자기 삶의 목적을 믿고 그걸 따르는 삶을 긍정해온 사람은 '목적은 허상'이라는 말이 여전히 의심스러울 수 있습니다. 그렇게 생각하는 이유는 아마 삶의 가장 밑바닥을 들여다보게 하는 철학적 질문들이 아직 당신을 찾아오지 않았기 때문일 가능성이 큽니다. 이는 당신이 미숙하거나 무지해서가 아닙니다. 삶이 계속되는 한, 누구나 언젠가는 그런 질문들에 맞닥뜨리게 되는 순간이 옵니다. 아직 질문의 '때'가 오지 않았을 뿐이고요.

혹은 전혀 흔들릴 것 같지 않은 '맹목적인 신념의 화신' 같은 사람을 목격했을 수도 있습니다. 그러나 그 사람이 확신에 차 있는 이유는 이미 질문이 찾아왔음에도 그 질문을 외면하거나 지워버리고 있기 때문입니다. 삶에 의미와 가치를 부여하고 싶지만 목적주의 외에는 다른 방법을 모르기에 스스로에게 가장 분명해 보이는 길을 세뇌하듯 되뇌는 것입니다. 삶에 목적이 있어야'만' 하기에 지금 자기 삶의 방향과 따르는 목적이 무조건 맞는다고 믿고, 그 신념과 다른 생각들을 차단하며 살아가는 것은 자기 세뇌와 다름없습니다.

이런 마음 상태는 마치 '확신범'과도 닮아있습니다. 자신이 옳다고 굳게 믿으며 자기 자신에게 해를 저지르는 것이죠. 스스로 옳다고 믿는 생각을 중심에 두고 의심이나 질문은 의도적으로 밀어내며 살아가는 겁니다. 이런 확신은 겉보기에는 단단하고 일관돼 보일 수 있습니다. 하지만 오랜 시간이 지난 뒤 더 이상 외면할 수 없는 질문이 갑자기 밀려오면 오히려 더 크게 흔들릴 수 있습니다. "이렇게 사는 게 아니었나 봐. 그럼 나는 뭘 위해 살아온 거지?" 이때 이런 사람은 한번에 너무나 크게 무너질 수 있습니다. 매우 위험하죠. 물론 그렇기에 무너지지 않으려 그런 회의를 애써 무시하고 그냥 밀고 나갈 가능성이 더 크긴 합니다. 신념에 너무 깊이 투신했기 때문에 스스로를 속이거나 계속 밀어붙이는 선택을 하게 되는 것이죠. 자기세뇌의 결과는 언제나 타인보다 자신에게 먼저 치명적입니다. 그래서 계속 질문하는 것입니다. 지금 당신이 붙잡고 있는 그 목적이 정말로 전부라고 믿습니까? 진짜로 만족할 수 있다고 확신합니까? 혹시 목적이 사라지면 기댈 곳이 없기에 스스로에게 거짓말을 반복하고 있는 건 아닌가요?

이렇게 반문할 수도 있겠죠. "제가 아는 어떤 노인은 평생 자기 목적 하나를 붙잡고 살았고, 그 목적을 이루고 죽기 전에 '난 잘 살았다!' 하며 웃었는데요." 자, '그 노인은 목적을 달성했기 때문에 웃은 것이다'라는 것도 너무 단순한 해석입니다. 마음속에 각인되어 있는 '목적주의 해석 틀'에 의해 반자동적으로 '역시 사람은 목적을 달성하면 만족감을 느끼는구나'라고 해석했을 뿐입니다. 그러나 이것은 그렇게 믿고 싶은 착각에 불과합니다. 그 노인은 목적을 달성해서 웃은 것이 아닙니다. 전혀 다른 이유로 자신의 인생에 대해 크나큰 만족감을 느낀 것입니다. 그 정확한 이유에 대해서는 3부에서 설명하겠습니다.

지금까지 '목적이 허상'인 이유에 대해 여러 가지로 설명을 해봤습니다. 하지만 계속 반발심이 드는 분이 있다는 것도 충분히 이해합니다.

'그래도 난 인생 목적은 분명 있다고 보는데?'
'이 책이 학술서도 아니고 오류가 있을 수도 있지 않나?'
'아직 못 찾은 반례가 세상에 있을 수도 있는 것 아닌가?'

네, 전부 수용합니다. 저는 이 책을 통해 저의 개인적인 생각을 주장하려거나 감성적으로 호소하려는 것이 절대 아닙니다. 저는 '과학'을 하려고 하는 것입니다. 목적주의가 틀렸음을 과학적으로 증명하려고 하는 것입니다. 과학에서 가장 중요한 것은 오류 가능성과 반례를 인정하는 것입니다. 그래서 위와 같은 반박들을 전부 수용합니다.

'완벽한 목적이 존재한다'는 반례가 세상 어딘가에 있을 수도 있습니다. 그러나 '목적주의 도식'이 틀렸다는 사실에 대한 반증은 아직 끝나지 않았습니다. 그런 목적이 설사 존재할지라도 이 도식은, 이와 같은 인생은 완성될 수도 존재할 수도 없습니다.

'목적'은 이 도식의 일부일 뿐입니다. 도식의 다음 부분으로 넘어가서 목적주의의 오류를 계속 증명해보겠습니다. 지금까지의 이야기가 다소 철학적이었다면 다음 장에서는 보다 현실적인 이야기들이 펼쳐질 것입니다.

Chapter 5

계획은
허상이다

목적  하루 = 의미, 가치 있는 삶

설사 100점짜리라고 확신할 수 있는 목적이 있다고 해도 끝은 아닙니다. 의미, 가치 있는 삶이 되려면 목적을 이루어야 합니다. 목적주의 도식 전체를 완벽하게 수행해야 하는 것이죠. 따라서 완전한 목적에 이어 그 목적을 이루기 위한 완전한 방법과 계획이 필요합니다. 그런데 문제는 그러한 건 세상에 없다는 것입니다. '완전한 방법과 계획', 매우 있을 법하지만 이 또한 허상입니다.

계획은 허상이다 1:
변수들

우리는 어떤 목적을 이루기 위해 계획을 세웁니다. 그리고 그 계획은 목적을 향한 경로와도 같습니다. 중요한 건 이 경로에 너무나 많은 '변수'들이 존재한다는 것입니다. 우린 이 사실을 너무도 쉽게 간과합니다.

다시 경제적 자유에 대한 예를 가져와 설명해보겠습니다. 72억 원을 모아 경제적 자유를 이루겠다는 목적과 관련된 수많은 변수 중 생각나는 것만 이야기해보겠습니다. 예를 들어, 부동산이나 주식 투자로 돈을 불리기 위해서 시드머니 1억이 필요하고, 이를 모으기 위해 최소 3년간 1년에 3,000만 원씩 모은다는 계획을 세웠다고 합시다. 그러기 위해서는 먼저 직장이 안정적이어야 하겠죠. 아르바이트로 돈을 번다면 마찬가지로 잘릴 염려가 없어야 합니다. 직장과 아르바이트 자리가 안정적이려면 한국 경제도 안정적이어야 합니다. 세계 경제의 변동? 북한의 도발? 팬데믹? 안 될 말이죠. 무엇보다 건강상의 문제가 있어서는 안 됩니다. 내가 아프면 소득이 끊기고, 사랑하는 가족이 암과 같은 중병에 걸리면 큰돈이 나가니까요. 오늘 귀갓길에 사고가 나서도 안 됩니다. 질병에 걸려 후유증 때문에 일하는 데 문제가 생겨도 안 됩니다.

그렇게 1억을 모았다고 합시다. 시드머니를 불려 투자를 해야 하는데 대출을 받으려니 처음 계획했던 때와 정책이 바뀌거나 금리가 오르면 매우 곤란해집니다. 설령 대출을 받아 원하는 만큼의 돈이 준비되었다 해도 내가 투자한 부동산이나 주식이 정확하게 내 뜻대로 움직여줘야 합니다. 이 모든 과정에서 정치, 경제, 국제 정세, 개인의 건강, 가족의 위기 같은 변수들은 큰 위험 요인으로 존재합니다.

이런 일이 수월해 보이시나요? 72억이니 경제적 자유라는 게 너무 사회 변화에 의존적인 데다가 큰 금액이라 위험 부담이 크기에 그런 것 아니냐고 생각할 수도 있을 겁니다. 아니요. 나의 노력의 비중이 비교적 큰 일이라 해도 마찬가지입니다.

입시를 예로 들어볼까요. 우선 고등학교를 다니는 3년 동안 아무 문제 없이 학업에 집중할 수 있어야 합니다. 가정 환경이 안정되어야 하고 집의 경제력도 받쳐줘야 합니다. 건강도 두말할 것 없죠. 그리고 내가 진학하려는 학교의 전공이 혹시라도 폐지되거나 갑자기 학과가 축소되거나 입시제도가 바뀌어서도 안 됩니다. 수능 당일엔 컨디션이 좋아야 하며, 갈고닦아온 실력을 그대로 발휘할 수 있어야 합니다. 이 모든 것이 당연한 일로 보이시나요? 모든 변수를 무사히 지나와야 비로소 꿈꾸었던 목적에 겨우 도달할 수 있는 것입니다.

우리는 어떤 목적을 설정한 순간부터 수많은 외부 변수의 영향을 받게 됩니다. 방법과 계획은 마치 정밀한 엔진 설계도처럼 그려지지만 현실은 그렇지 않습니다. 우리의 인생은 수학이 아니니까요. 변수들을 충분히 통제할 수 있을 것처럼 느껴지지만 실제로는 거의 불가능합니다. 그렇기에 아무리 정교하게 목적을 쪼개고 계획을 세운다 해도 현실에서 그 계획은 무력해질 수밖에 없는 것입니다. 그래서 어떤 목적도, 그것을 이루기 위한 완벽한 방법이나 계획도 실현 가능하지 않은 이유가 여기에 있습니다. "그래도 작은 목적이라면 변수도 적고, 계획대로 실현될 수 있지 않을까요?" 아주 좋은 질문입니다. 다음에서 이 질문을 더 깊이 다뤄보겠습니다.

계획은 허상이다 2:
복잡성과 변화성

변수의 개수만이 문제가 아닙니다. 문제는 그 변수들이 서로 얽혀 있고, 지금 이 순간에도 계속 변하고 있다는 데 있습니다. 세계적인 석학들 대부분이 "이제는 과거처럼 총을 들고 싸우는 전쟁은 없을 것"이라고 예측했음에도 현재 이스라엘과 러시아에서는 총을 들고 싸우는 전쟁이 계속되고 있습니다. 이쯤 되니 이런 생각이 듭니다. 과연 누가 무엇을 예측할 수 있을까요?

물론 먼 나라의 일, 남의 일은 내 인생과 아무 상관이 없는 것처럼 느껴질 수도 있습니다. 그렇지만 '나비 효과'라는 말이 있죠. 우리 삶이 왜 이렇게 팍팍해졌을까요? 나와 전혀 무관해 보이는 전쟁, 미국의 금리 인상, 몇 표 차이로 바뀐 대통령, 코인의 등장 같은 일련의 사건들이 서로 얽히고설켜 결국 나의 삶을 바꿔놓습니다.

세계 최대 밀 수출국 중 하나인 우크라이나의 밀 값이 전쟁으로 급등하는 바람에 누군가는 오랫동안 준비해온 빵집 개업을 미뤄야 했을지 모릅니다. 코로나19 팬데믹으로 인해 유학을 준비하던 수많은 학생은 국경이 닫히고 비자가 나오지 않아서 1년, 2년 계획이 뒤틀렸습니다. 변수의 수가 적어도 전혀 예상 못한 변수가 얽혀서 나에게 영향을 미칠 수 있다는 것입니다.

사업가들이 흔히 하는 말이 있습니다. '운칠기삼(運七技三)'이라는 말 들어보셨을 거예요. 운이 7할, 재주(노력)가 3할이라는 의미로, 모든 일의 성패는 운이 70퍼센트, 개인의 실력이 30퍼센트를 차지한다는 사자성어입니다. 사업으로 100억을 벌어본 사람들은 운이 70퍼센트라고 말하고 1,000억 매출을 낸 사람들은 운이 90퍼센트였다고 말합니다. 1조 매출을 냈다면 아마 운의 비중이 더할 겁니다. 노력을 폄하하는 것이 아닙니다. 노력은 중요합니다. 그러나 노력이 효과를 발휘하려면 수많은 조건이 맞아떨어져야 합니다. 목적이 크고 복잡할수록 노력의 비율은 더 낮아지겠죠. 목적이 작아지면 노력의 비율이 조금 올라갈 뿐, 그래봐야 30퍼센트를 넘지 못한다는 것입니다.

인생은 우리가 통제할 수 없는 일들로 가득합니다. 꿈을 향해 가는 길에는 작게는 몇 개부터 크게는 몇십, 몇백 개까지 변수가 존재하고, 그 변수들은 계속 변하고 지속적으로 서로 영향을 줍니다. 그 모든 변수들이 완벽히 통제되어 내 뜻대로 진행되는 것이 '완벽한 계획'이라면 그건 계획이 아니라 기적에 가까운 일일 것입니다. 다시 한번 이야기하지만, 어떤 목적이든 그것을 이루기 위한 확실한 방법과 계획이라는 것은 없습니다. 우리는 강연이나 책을 통해 '필승법'을 알려주는 사람들을 만납니다. 그들은 과거에 벌어진 일들을 조합하고 편집하여 결과를 포장합니다. 심지어 운조차도 계획의 결과로 포장합니다. 이런 것을 방법과 계획이라 할 수 있을까요? 이건 예측이 아니라 사후 설명일 뿐입니다.

그럼에도 우리는 왜 완전한 방법과 계획이 있다고 믿고 싶어 할까요? 이유는 단순합니다. 단지 믿고 싶어서 믿는 겁니다. 목적주의 도식은 인생을 통제할 수 있는 '정리된 구조'처럼 보이게 만들어줍니다. 확실한 방법과 계획이 있다면 안심할 수 있으니까요.

계획은 허상이다 3:
고성장 착시

앞서 '인생'이 이해되고 통제가 가능한 것처럼 만들어주고, 명확하고 구체적인 계획으로 하루를 설계할 수 있기에 우리는 목적주의를 따르도록 스스로를 세뇌해왔다고 이야기했습니다. 뿐만 아니라 그러한 자기 세뇌를 한층 더 단단하게 만들어주는 착시에 노출되며 현재에 이르렀습니다. 바로 '고성장' 시대입니다.

우리 사회는 지난 30년간 가파른 성장을 거듭했습니다. 무언가를 계획하고 실행하기만 해도 꽤 그럴듯한 성과를 낼 수 있었던 시대였습니다. 전 세계적으로 새로운 기술과 새로운 땅, 새로운 아이템이 자고 일어나면 생기며 해마다 경제 규모가 팽창했죠. 일자리는 넘쳐났고, 어디서든 열심히 일하면 연봉이 올랐으며, 금리가 높아 저축만으로도 돈을 모아 집을 살 수 있었습니다. 그때 삶을 일구고 기회를 잘 잡은 사람들이 성과를 내고 꿈을 이뤘습니다. 지금 마이크를 쥐고 있는 사람들이죠. 사람들은 방법과 계획, 목표, 아이디어만 잘 세우면 꿈을 이룰 수 있다는 착각에 빠졌습니다. 일종의 성공 공식이 있다고 믿은 것입니다.

하지만 그 성공들은 고성장이라는 거대한 시대적 운이 만든 환영이었습니다. 그 시절에는 어떤 계획, 어떤 방법이든 시장의 성장에 힘입어 성과가 났습니다. 그러나 지금 사회는 저성장에 접어들었고, 똑같이 노력하고 계획해도 결과는 그때와 천차만별입니다. 왜일까요? 성공 공식이란 것은 애초에 없었기 때문입니다. 공식이 작동했던 것이 아니라 작동하는 것처럼 보였을 뿐이기 때문입니다.

고성장 시대를 통과한 사람들 중 일부는 여전히 그 착시에서 벗어나지 못하고, 그들이 체험하고 실현해낸 '성공 공식'을 이야기하며 다음 세대를 위해 강의를 하거나 책을 씁니다. 하지만 그들은 본인이 겪은 '운'의 수혜를 완벽한 방법과 계획의 결과로, 즉 공식으로 오해했을 뿐입니다. 시대라는 변수의 힘이 10~30퍼센트의 노력을 운 좋게 밀어 올려주었을 뿐이라는 말이죠.

이제 아무리 계획을 세우고 아무리 정보를 모은다 한들 예전처럼 잘 풀리지 않습니다. 그러나 사람들은 영광스러운 과거의 기억으로 그때에나 가능했던 성공 공식을 재현하려 합니다. 한 발 더 나아가 지금은 그때와 다르니 저성장 시대에 걸맞은 새로운 키워드를 찾아 나섭니다. 코인, 해외 주식, 디지털 노마드, 무자본 창업……. 이런 방법들은 '완벽한 방법'을 갈망하는 집단 무의식을 반영하고 있습니다.

이제 착각에서 깨어나야 합니다. '계획이 작동하던 시절이 있었고, 지금은 그렇지 않다'는 말이 아니라 '그런 것은 애초에 없었다'는 사실을 인정해야 합니다. 무언가 방법이, 공식이 있는 것처럼 보였던 이유는 시대의 흐름이, 사회의 발전이, 정책과 시스템이 떠밀어주었기 때문입니다. 개인의 능력이나 판단이 아니라 모든 것이 복합적으로 작동한 결과였던 것이죠. 삶에 절대 성공 공식이란 존재하지 않습니다. 그런 것이 있었다면 모두가 원하는 곳에 도달했어야 합니다. 그렇지 않나요? 그 고성장 시대에도 실패한 사람들이 존재했다는 사실, 그리고 그 공식이란 게 끊임없이 수정되고 번복되고 있다는 사실이야말로, 그런 공식이 처음부터 없었다는 확실한 증거입니다.

계획은 허상이다 4:
반례

자, 결국 결론은 이렇습니다. 완전한 방법과 계획이라는 것은 인간과 사회, 그리고 인생의 특성을 전혀 반영하지 않은, 그럴듯하게만 보이는 허상이라는 것입니다. 물론 여기서도 다시 반문이 생길 겁니다. "당신이 세상 모든 사례를 조사한 것도 아니고, 반례가 있을 수도 있지 않느냐?"

네. 저는 그 반문을 충분히 인정하고 수용합니다. 왜냐하면 저는 지금 '목적주의가 틀렸다'는 것을 증명하려는 '과학'의 입장에서 말하고 있기 때문입니다. 완전한 목적도 있고, 완전한 방법과 계획도 존재한다고 가정해보죠. 그러나 그 가능성만으로 목적주의 도식 전체가 옳다는 근거가 되지는 않습니다. 아직 우리가 검토하기 전인, 당장 도식의 바로 다음 부분인 '하루'에서부터 문제가 드러납니다.

계획은 누구나 세웁니다. 그런데 그 계획을 하루도 안 빠지고 매일 실천하는 것은 다른 문제입니다. 의지나 나약함의 문제라고요? 그건 인간의 동기부여 방식을 전혀 이해하지 못한 단편적인 접근입니다. 다음에서 역시나 우리가 당연하게 믿고 있던 '하루'라는 허상을 또 한번 깨보도록 하겠습니다.

Chapter 6

의지는 허상이다

목적 ⇌ 하루 = 의미, 가치 있는 삶

자, 삶을 의미 있게 만들 목적이 있다고 합시다. 그것은 분명 의미 있고 가치 있는 목적입니다. 그리고 그 목적을 향해 나아가기 위한 방법과 계획도 완벽하게 세웠습니다. 그렇다면 하루하루가 얼마나 의지와 열정이 넘치는 삶이 될까요? 하지만 잘 알다시피, 실제로는 그렇게 흘러가지 않습니다. 방법과 계획이 분명하면 실행 또한 분명할 것이라 기대하지만 그것은 기대일 뿐 그런 하루 역시 허상에 불과합니다. 내가 게으른 탓도 아니고 누구의 잘못도 아닙니다. 원래 인간은 그렇게 살지 못하기 때문입니다. 연구 결과로도 밝혀진 사실입니다.

의지는 허상이다 1:
외적 동기

'목적과 계획이 있으면, 당연히 동기부여도 따라올 것'이라는 믿음은 단지 우리가 오랫동안 학습해온 허상일 뿐입니다. 심리학, 뇌과학, 행동인지학은 이미 인간이 그런 식으로 행동하지 않는다는 결론을 내렸습니다. 대표적인 개념이 외적 동기와 내적 동기입니다. 외적 동기란 보상, 처벌, 사회적 인정처럼 내가 경험하는 눈앞의 현재와 멀리 떨어진 미래로부터 얻는 동기를 말합니다. 내적 동기는 흥미, 몰입 등 지금 이 순간의 경험 자체로부터 얻는 동기를 말합니다. 우리의 일반적 믿음과 달리 인간은 외적 동기로 움직이지 않습니다. 내적 동기가 우리를 움직이게 한다는 것이 학문적으로 밝혀진 인간의 본성입니다.

이해를 돕기 위해 간단한 예를 들어보겠습니다. 한 꼬마가

게임을 하고 있어요. 어른이 아이에게 "너는 게임을 왜 하니?"라고 묻는다면, 아이는 백이면 백 이렇게 대답할 겁니다. "재밌어서요." 그렇습니다. 그것이 전부입니다. 이런 걸 내적 동기라고 합니다. 하지만 어른이 물어본 건 뭔지 아세요? "이 게임이 네 인생에 무슨 도움이 되니?"라는, '게임을 하는 게 도대체 나중에 어떤 이득을 주는가'예요. 마치 그 행동이 나중의 목적이나 결과에 기여해야만 정당하다는 듯이 말이죠. 전형적인 외적 동기에 기반한 접근입니다.

비슷한 맥락에서 이런 상황도 있습니다. 여러분은 식사를 할 때 무슨 생각을 하시나요? 외적 동기는 우리가 식사를 할 때 '이 음식이 내 몸에 단백질을 얼마나 공급하는지', '이 식단이 몸을 키우는 데 얼마나 도움이 될지' 같은 미래의 목적을 생각하게 만듭니다. 그리고 그 동기로 식단을 계속 조절할 수 있다고 믿습니다. 그러나 인간은 결국 떡볶이에 손을 대죠. 당장 맛있음을 느낄 수 있는 내적 동기가 더 중요하기 때문입니다.

공부든 운동이든 일상이든 우리는 늘 '무엇을 위해 하는가'라는 말을 들어왔습니다. 그 자체가 좋아서 같은 내적 동기가 무너지고 외적 동기만이 강조되는 순간, 우리는 스스로를 '동기부여가 안 되는 사람, 게으른 사람, 나약한 사람'으로 오해하게 됩니다. 사실은 잘못된 방식으로 동기를 끌어내려 했던 것인데 말입니다.

인간은 본래 내적 동기에 의해 행동하는 존재입니다. 물론 외적 동기에 의해 움직이는 경우도 있겠지만 그건 그 외부 자극이 지금과 가까이 있을 때만 그렇습니다. 예를 들어, 지금 목이 너무 마른 사람이 앞에 놓인 물을 마시는 행동처럼 말이죠. 인간은 시간적으로나 심리적으로 조금만 멀게 느껴져도 쉽게 행동하지 않습니다. 또는 목표를 처음 세울 때 잠깐의 의욕을 주기도 합니다. 하지만 아주 잠깐입니다. 지속적으로 해나가는 힘은 내적 동기뿐입니다.

그런데 목적이라는 건 본질적으로 외적 동기입니다. 지금의 나와 꽤 떨어져 있는 미래의 어떤 것이니까요. 돈을 아끼겠다고 결심했으면서 별 거부감 없이 값비싼 음식을 사 먹고, 공부하겠다고 책상 앞에 앉았지만 자꾸 휴대전화에 손이 가는 것도 그런 이유입니다. 당신이 나약해서 그런 게 아니라 인간은 원래 그렇게 설계된 존재이기 때문입니다.

한때 경영학은 보상 제도가 동기를 유발한다고 봤습니다. 그러나 실제로 열심히 몰입하여 일하고 있는 사람에게 '성과를 내면 돈을 더 주겠다'라고 말하면 오히려 내적 동기를 침해받았다고 느껴 창의성이 저하되고 성과가 떨어지는 결과가 나타났습니다. 심리학이나 뇌과학보다 훨씬 더 실용적인 현장의 학문인 경영학, 경제학에서조차 외적 동기의 한계를 인정하고 있습니다.

우리가 왜 계획을 세워도 움직이지 않는지, 왜 동기부여 영상이나 강연을 보면 잠깐은 불타오르다 금방 꺼지는지를 이제는 알 수 있습니다. 목적주의 도식은 아주 그럴듯해 보일 뿐, 인간 본성을 전혀 고려하지 않은 잘못된 도식입니다. 외적 동기로 잠시 움직일 수 있을지는 몰라도 계속 지속하기란 불가능에 가까운 일입니다.

그런데 때로는 이 외적 동기로 끝까지 밀어붙이는 사람들이 있습니다. 인간 본성을 거슬러 인내하고 견디는 것이죠. 아마도 지금까지는 외적 동기가 인간을 움직이는 당연한 방식이라 믿었기에 참고 버텨야 한다고 생각했을 수도 있고, 어쩌면 인간 본성을 거스를 정도로 참아내는 것이 훌륭한 사람이라는 무의식적 압박이 있었을지도 모르겠습니다.

문제는 이런 사람들이 심각한 부작용에 빠진다는 것입니다. 저는 이를 '병든 치열'이라고 부릅니다. 제가 만든 표현이지만 정말 많은 사람이 깊이 공감했습니다. 병든 치열이 현대인의 가장 큰 문제인 '번아웃(Burnout)'과도 맞닿아있기 때문이죠.

의지는 허상이다 2:
병든 치열

고등학교 3학년, 입시를 앞둔 한 학생을 떠올려보세요. 그는 매일 새벽 5시에 일어나고 야간 자율학습이 끝난 뒤에도 집에 돌아와 인강을 듣습니다. 자는 시간은 네 시간 남짓, 밥 먹는 시간조차 아까워하며 하루 대부분을 공부에 쏟아붓습니다. 목표는 명확합니다. '서울대.' 부모님의 기대와 친구들의 시선, 나 자신의 미래까지 전부 그 하나에 달려있다고 믿죠.

그런데 공부를 하면 할수록 집중이 잘되지 않습니다. 눈은 책을 보는데 머릿속은 자꾸 다른 생각으로 흐려집니다. "틀리면 어떡하지", "이번 시험 망치면 끝이야", "서울대 떨어지면 인생이 무너질 거야" 같은 불안이 계속 들끓습니다. 지금 그는 공부를 하는 게 아닙니다. 목적의 압박과 싸우고 있는 겁니다. 공부는 구실일 뿐 공포와 불안으로 악착같이 버티는 중입니다. 이것은 단순한 스트레스로 끝나지 않습니다. 실질적으로 공부 시간을 잡아먹는 역효과가 일어납니다.

이런 상태는 취준생에게도 비슷하게 찾아옵니다. 수십 군데 지원서를 넣고, 매일 자소서를 수정하고, 면접이 다가오면 심장이 조여오는 듯한 스트레스를 느낍니다. '이번엔 붙어야 한다'는 절박함에 밤을 새워 준비하지만 불안하고 초조해서 집중이 잘 되지 않습니다. 행여 결과라도 좋지 않으면 자기 자신을 자책하며 무너져버립니다.

직장인도 마찬가지입니다. 프로젝트 마감이 다가오면 상사는 "이번 건 반드시 따내야 해", "실수하면 안 돼"라고 말합니다. 이미 열심히 하고 있던 직원도 그 말을 듣는 순간부터 몰입은 깨지고 압박과 강박만 남습니다. 시간이 얼마나 남았는지 재차 확인하고, 실패에 대한 불안으로 잠도 편히 못 잡니다. 일을 잘해내고 싶은데 일 자체보다 '성과'와 '책임'이 앞서버린 겁니다.

이처럼 어떤 목적을 중심으로 모든 것을 짜맞추고, 그 목적을 향해 이를 악물고 달리는 사람들은 '병든 치열'에 끌려가는 겁니다. 외적 동기로만 움직이면서 인간의 본성을 억누르고 참으며 달리는 삶의 방식. "이게 맞는 길이야", "그렇게 해야 돼"라는 말에 세뇌당해 자신을 쥐어짜며 살아가는 방식. 미래에 있을 결과, 성공, 보상 같은 외적 동기를 장착해 억지로 자신을 몰아붙이면 당장은 치열하게 움직일 수 있을지 몰라도 그 병든 치열이 곧 자신을 갉아먹기 시작합니다. 스트레스가 극단으로 치닫고, 몸과 마음은 점점 무너져갑니다. 결국 남는 건 성취가 아닌 피로와 혐오, 그리고 회피뿐입니다.

이 압박감을 참고 억지로 버텨서 끝내 성공적으로 해내는 사람도 있습니다. 하지만 이런 경우엔 또 다른 문제가 생깁니다. 일단 그 목적을 달성하고 나면, 다음으로 넘어갈 때 몸에서 거부감이 먼저 올라옵니다. 그 경험이 너무 고통스럽고 몸과 마음이 지쳐버렸기 때문이죠. 열정이 꺼져버린 상태, 이게 바로 번아웃입니다. 억지로 참으면서 하는 순간 우리 안의 무언가는 썩기 시작합니다. 말이 그렇다는 게 아니라 진짜로 썩어갑니다. 어떤 이들은 중도에 포기하고, 어떤 이들은 끝까지 버텨내지만 이후 다시는 손을 대기조차 싫어지는 상태. 결국 양쪽 모두가 실패입니다.

무엇보다 무서운 건 그 고통조차도 '의지의 증거'처럼 보인다는 겁니다. 우리는 어린 시절부터 "치열하게 사는 게 좋은 거야", "끝까지 버텨야지"라는 말을 들어왔고, 그렇게 살면 대단한 사람이라고 여겨왔습니다. 그래서 번아웃을 향해 달려가고 있으면서도 그것을 병으로 인식하지 못합니다. 단지 "나는 왜 이렇게 나약한가?"라며 자신을 탓할 뿐이죠. 하지만 번아웃은 인간의 본성이 아닌 외적 동기로 무리해서 버텼기 때문에, 너무 억지로 했기 때문에 찾아오는 것입니다.

목표와 계획을 입력하면 지치지 않고 끝까지 완수해내는 것은 '기계'뿐입니다. 목적주의는 기계의 방식을 인간인 우리에게 강요해왔습니다. 번아웃은 그러한 목적주의가 만들어 낸 명백한 역효과입니다. '목적을 위해 참고 견딜 수 있고 마땅히 그래야 한다'는 목적주의가 만들어낸 의지에 관한 허상입니다. 목적을 위해 참고 견딜수록 오히려 목적 달성과 멀어집니다. 결국 타버려서(Burn) 이탈(Out)하게 됩니다.

의지는 허상이다 3: 공허한 일상

또 다른 부작용도 있습니다. 목적과 상관없는 나머지 일상은 말 그대로 '버려진다'는 것입니다. 전 세계에서 아마 우리나라 사람들이 밥을 가장 빨리 먹을 거예요. 왜일까요? 한국 사람들의 공통적인 목적은 성공, 성취, 돈인데, 밥을 먹는 행위는 생산성의 측면에서 무가치한 일이기 때문이죠. "밥 먹는 시간도 아깝다", "빨리 먹고 공부해라", "빨리 먹고 일하자" 같은 말들은 이런 인식에서 비롯된 것입니다. 생산성이 없으면 가치도 없다는 등식이 작동하는 순간 우리 삶의 대부분은 쓸모없는 것으로 전락하고 맙니다.

목적은 우리가 의미 있고 가치 있는 삶을 살기 위해 존재하는 것입니다. 그런데 목적을 이루기 위해 잘 짜인 삶이 하루의 절반 이상을 차지하는, 우리가 살아가는 데 기본이 되는 '진짜 일상'을 황폐화시킨다니 모순이 아닐 수 없습니다. 입시나 취업 준비를 해본 사람이라면 공감할 것입니다. 그러한 시기에 일상은 대개 엉망이 됩니다. 친구들과 약속을 잡거나 마음 편히 쉬는 건 뒤로 미뤄두고, 밥도 대충 간편히 때우기 일쑤죠. 목적을 이루는 데 있어 밥 먹기, 청소하기, 산책하기, 가족과 시간 보내기와 같은 일들은 도움이 되지 않는다고 생각하기 때문입니다.

우리는 우리의 삶을 정말 아까워하고 소중하게 여깁니다. 그래서 그만큼 더 의미 있고 가치 있는 삶을 살길 원하죠. 그런데 대부분의 일상에 '이런 것은 소중하지 않다'라는 라벨을 붙이고 있다는 것. 이 모순 속에서 의미 있고 가치 있는 삶이 진정으로 완성될까요?

의지는 허상이다 4:
반례

자, 결론입니다. 목적과 계획 때문에 동기부여를 받고 착착 노력하는 하루는 인간의 본성을 반영하지 않은 그럴듯한 허상입니다. 기계의 공식이지 인간의 것은 아닙니다. 이렇게 반박할 수도 있습니다. "나는 매일매일 지치지 않고 노력하는 사람을 봤는데?" 과연 그 사람의 동기가 '목적과 계획'일까요? 그건 그냥 당신의 믿음일 뿐입니다. 확실하게 말씀드리는데 그의 동기는 다른 곳에 있습니다. 이는 3부를 보시면 알게 되실 겁니다.

'병든 치열이든 뭐든 어쨌든 노력해서 목적만 달성하면 의미 있는 삶 아닌가?'라고 반문할 수도 있습니다. 네, 인정합니다. 반례의 존재 가능성을 인정하는 게 과학이니까요. 하지만 아직 목적주의 도식은 안 끝났습니다. 목적과 계획, 노력까지 전제되어도 '달성'이라는 것 역시 허상일 뿐입니다.

Chapter 7

달성은 허상이다

목적  하루 = 의미, 가치 있는 삶

우리는 완벽한 목적과 완벽한 계획, 완벽한 하루라는 세 가지 요소만 충족되면 염원하던 목적도 반드시 달성될 것이라 믿습니다. 매우 그럴듯해 보이기 때문이죠. 하지만 수많은 변수로 이루어진 현실은 그렇게 작동하지 않습니다. 우리의 통제 범위 밖의 것들이 아주 많을뿐더러, 그 변수들은 전혀 예기치 못한 방향으로 작용하니까요. 완벽한 노력 끝에 마침내 도착한 곳에 기대했던 결과가 나타나지 않는 편이 더 익숙하지 않은가요?

이번 장에서는 '달성'한다는 것의 허상을 파헤쳐보겠습니다.

달성은 허상이다 1:
변수들

앞의 '방법과 계획의 허상'에서 이야기했듯 여러분이 무엇을 하든 전혀 예상하지 못하고 통제할 수 없는 변수의 영역이 최소 70~80퍼센트입니다. 아무리 완벽한 계획이라 한들 갑자기 등장하는 변수들 앞에서는 속수무책입니다. 인간이든 사회든 자연이든 이 세상 모든 것이 끊임없이 변화하는데 어떻게 모든 것을 예측하고 통제할 수 있을까요?

예를 들어, 대학 입시를 목표로 몇 년간 공부한 학생이 있습니다. 학원에서 시키는 대로 성적을 분석해서 과목 비중을 조정하고, EBS 연계 교재를 분석하고 컨설팅까지 받으면서 말 그대로 완벽한 계획을 세우고 성실하게 실행해왔습니다. 그런데 수능을 앞두고 갑작스럽게 국어 출제 경향이 확 바뀌었습니다. 준비해온 것과는 전혀 다른 방향의 지문이 출제됐고, 당황한 학생은 평소 실력조차 내지 못했습니다. 누구의 잘못일까요?

또 다른 예를 들어보겠습니다. 여기, 몇 년간 부동산 강의를 들으며 무리 없이 시드머니를 모아 입지 분석도 하고 규제도 따져가며 '안전한' 지역의 아파트에 투자한 사람이 있습니다. 그런데 정부 정책이 갑자기 바뀌면서 해당 지역에 대규모 개발 계획이 취소되었고 집값은 반 토막이 났습니다. 어디서부터 잘못된 걸까요?

이 두 사례에서 언제, 어떻게 이러한 변수에 대비해야 했는지 알아챌 수 있는 타이밍은 없습니다. 변수란 것은 대부분 처음부터 예측이 불가능한 영역에 속한 것이라는 사실을 기억해야 합니다. **목적에만 몰두하여 내달려온 사람은 어느 순간 '내가 믿고 따랐던 완벽한 계획이라는 게 사실 너무도 허술한 것'이라는 진실을 뼈 아프게 깨닫게 됩니다.** 그리고 그제야 알게 되죠. 달성은 결코 보장된 것이 아니라는 사실을요. 이를 깨닫지 못하거나 끝끝내 인정하지 못하고 실패의 원인을 자신에게 돌리는 사람은 다시 더 집요한 계획과 더 무리한 노력을 반복하며 악순환에 빠져듭니다.

달성은 허상이다 2:
자책

좌절을 경험할 때 우리는 방법이나 노력이 부적절했던 것은 아닌지 점검해보라는 조언이나 다시 시도해보라는 위로를 듣습니다. 너무 낙심하지 말라는 응원이기도 하죠. 그렇게 다시 힘을 내서 같은 사이클로 되돌아갑니다. 목적을 더 구체적으로 세우고, 방법을 더 완벽하게 다듬고, 하루하루를 다시 조입니다. 하지만 제아무리 완벽하게 해낸다고 해도 결국 내 힘으로 할 수 있는 건 고작 10~30퍼센트뿐입니다. 안 되는 것을 억지로 해내보려 애쓰며 병든 치열 상태로 노력하죠. 그러다가 또 실패하면 이런 말을 듣습니다. "뭐라도 얻었을 거야. 다시 해보자." 이 말은 따뜻한 위로처럼 들리지만 사실상 될 때까지 노력하라는, 무척 잔인한 말입니다.

아주 어렸을 때부터 PD가 되는 것이 꿈이었던 한 후배가 있었습니다. 멋진 시사 교양 프로그램, 다큐멘터리를 만들어서 사회에 긍정적인 영향을 미칠 수 있다면 자기 인생이 무척이나 의미 있어질 것이라 굳게 믿었죠. 그래서 오직 PD가 되겠다는 명확한 목적 하나로 모든 입시 계획을 세웠고, 대학교에서 한 모든 활동도 PD가 되기 위한 발판이었습니다. 그런데 그가 취업을 준비하던 시기에 MBC, SBS, KBS 세 개 방송국 모두에서 몇 년간 PD를 한 명도 채용하지 않았습니다. 방송 환경이나 경제의 변화 등등 전혀 예상하지 못한 여러 변수들이 겹친 결과였죠. 그러다가 어느 해에 한 명을 뽑았습니다. 수년 동안 단 한 명을 말이죠. 그리고 후배는 그 한 명이 되지 못했습니다.

누가 봐도 어쩔 수 없는 상황이었지만 후배는 크게 낙담했고 공허감에 빠졌습니다. 그는 초등학생 때부터 지금까지 거의 20년의 세월을 날렸다고 생각했습니다. 결국 PD가 되지 못했으니까요. 지켜보는 저는 너무 답답했어요. 후배에게 "네가 실패한 것이 아니라 상황이 불가피했던 거야"라고 말해주어도 그는 한결같이 답했습니다. "그랬다 한들, 그 한 명이 되지 못한 건 내 능력과 노력이 부족해서야."

그가 자신의 삶이 실패했다고 믿는 이유는 단 하나, 바로 목적을 달성하지 못했기 때문이었습니다. 그에게 목적은 삶의 의미이자 전부였기에 실패가 곧 전체 삶에 대한 부정으로 이어졌던 것입니다. 심지어 그는 자신보다 그 자리에 합격한 누군가가 더 완벽한 계획을 세우고 더 치열하게 노력했을 것이라 확신했습니다. 말도 안 되는 경쟁률은 그에게 보이지 않고, 그 한 명이 되지 못한 자신의 노력 부족만을 되풀이하며 자책할 뿐이었습니다.

이런 이야기는 우리에게 아주 익숙하고 보편적입니다. 왜냐하면 '내가 완벽한 계획을 세우고 완벽하게 노력하면 반드시 달성할 수 있다'는 신념이 우리 안에 깊이 박혀있기 때문입니다. 이 신념의 배후에는 '능력주의'라는 사고방식이 있습니다. 능력주의란 인간의 성과는 오직 개인의 능력과 노력에 따라 결정된다는 믿음으로, 목적주의가 퍼뜨린 가장 위험한 생각 중 하나입니다. 목적주의는 도식대로 완벽한 방법과 계획을 세우고 하루하루 노력하면 반드시 달성된다고 말합니다. 이 도식은 너무 완벽하기에, 반드시 실현 가능하기에 만약 실현되지 않았다면 남는 것은 하나입니다. 개인의 문제입니다. 개인이 방법과 계획을 엉망으로 세웠거나 노력이 부족했다는 것이죠. 이렇게 목적주의는 능력주의로 연결됩니다.

그러나 전 세계의 수많은 석학이 입을 모아 이 믿음은 비과학적이며 해롭다고 지적해왔습니다. 사회는 실패를 개인의 탓으로 돌리고 몰아붙이며, 구조적 불평등이나 우연성 같은 요소는 지워버린 채 모든 원인을 '개인의 노력 부족'으로 전가한다는 것입니다. 그 결과, 실패한 개인은 끝없이 '내가 뭘 잘못했지?', '노력이 부족했나?', '계획이 허술했던 걸까?'라고 자책합니다. 이처럼 비과학적인 능력주의는 역시 비과학적인 목적주의와 손잡고 실패를 죄책감으로 바꾸고 사람들을 번아웃으로 몰아가고 있습니다. 학자들의 경고를 이제는 직시해야 합니다. 내 노력의 비중은 커 봐야 10~30퍼센트입니다. 하지만 목적주의는 '전부 내 잘못'이라는 자책의 늪에 빠트릴 뿐입니다.

달성은 허상이다 3:
전부 공허

목적 달성에 그야말로 '올인'하는 목적주의적 삶은 또 다른 매우 큰 리스크를 가지고 사는 삶입니다. 목적 달성에 실패하는 순간, 그동안 투자한 내 인생은 모두 무가치하고 공허한 것이 되기 때문입니다. 과장된 말 같지만 아닙니다. 나의 모든 과정은 목적을 위해 조직되고 계획되었습니다. 내가 그동안 참고 견딘 이유는 오로지 목적 하나 때문이었습니다. 이런 상황에서 그 목적을 이루지 못했다면, 그 전의 모든 과정은 무가치하게 느껴질 수밖에 없습니다.

고등학교 3년을 바쳐 준비하던 목표 대학에 불합격한 학생에게, 수년간 준비하던 취업에 실패한 취준생에게, "그래도 그 기간에 뭐라도 얻었을 거야"라는 위로는 말 그대로 공허한 목소리일 뿐입니다. 20년간 오직 PD만을 바라보았던 후배의 "결국 내 20년은 무가치했어"라는 자조는 그 어떤 말로도 바꿀 수 없습니다.

다시 말하지만, 우리가 목적을 정하는 이유는 인생을 의미 있고 가치 있게 살기 위해서입니다. 그런데 달성의 '그 날' 하루로 그 전의 인생 전체가 무가치해지는 것은 너무 '위험한 도박'입니다. "달성하면 되지 않느냐"는 너무 순진한 접근입니다. 앞서 본 대로 목적 달성은 보장되지 않습니다. 내 노력이 부족해서가 아니라, 내 노력의 영향력이 10~30퍼센트밖에 안 되기 때문입니다. 내가 통제할 수 없는 변수들이 성공과 실패를 좌우하기 때문입니다. 이런 상황에서 오직 목적 달성만으로 삶의 의미, 가치를 판단하게 만드는 목적주의는 도박이 맞습니다.

모두가 목적이 달성되었을 때의 아름다움만 상상합니다. 하지만 목적이 실패했을 때의 이 엄청난 리스크에 대해서는 애써 외면합니다. 단 하루를 위해, 수년간의 나의 소중한 인생을 베팅하게 만드는 삶의 방식. 이것이 목적주의입니다.

달성은 허상이다 4:
반례

정리하자면, 목적 → 계획 → 하루라는 사이클을 완벽히 해낸다 해도 그 결과로 반드시 '된다'라는 보장은 없습니다. 달성과 성취가 보장된다는 믿음은 허상이며, 오히려 이는 개인의 자존감과 일상 전체를 매우 위험하게 만들 수도 있습니다. 물론 이렇게 반문할 수도 있습니다. "나는 그 사이클을 다 해내고 목적까지 달성한 사람을 본 적이 있는데?" 네, 그러나 운칠기삼을 기억해야 합니다. 그 사람의 노력이 미친 영향은 전체 중 30퍼센트 미만입니다. 수많은 변수, 즉 시대적, 환경적, 구조적 조건이 우연히 그 사람의 노력과 계획에 유리하게 작용했던 것뿐입니다. 거칠게 말하면 운이 좋았던 것뿐입니다.

이 사실을 받아들이지 못하고 내가 잘나서, 내가 잘해서 성공했다고 믿기 시작하면 자만에 빠지게 됩니다. 그리고 이 성공 공식이 앞으로도 틀림없이 작용할 것이라는 자기 확신을 가지기 쉽죠. 그러나 계속 성공하리란 보장은 없습니다. 과거에 맞아떨어졌던 변수들은 어디로 튈지 모르고, 환경과 구조도 달라지니까요. 성공 경험을 절대화하면 그 믿음이 오히려 자신을 함정에 빠트릴 수 있다는 걸 기억해야 합니다.

놀라운 건 이런 착각이 고학력자나 성취 경험이 많은 사람들에게서 더 흔히 나타난다는 사실입니다. 실패보다 성공의 기억이 더 많은 사람들은 인생을 통제 가능한 것으로 생각합니다. 시험, 입시, 취업 같은 인생의 주요 이벤트에서 '계획대로 하면 된다'는 경험을 실제로 해봤기 때문이죠. 하지만 세상에 실패 없이 성공가도만 달리는 인생은 없습니다. 언젠가는 반드시 상황이 틀어집니다. 똑같은 전략이 통하지 않고 예상치 못한 변수가 터지기 시작하면, 이런 사람들은 오히려 훨씬 더 큰 충격을 받습니다. 자신이 통제하던 세계가 한순간에 무너진 듯 느껴지기 때문입니다.

이것이 바로 목적주의 도식이 만들어내는 또 다른 위험한 결말입니다. 내 능력을 벗어나는 무언가가 있다는 사실을 인정하지 않으면 결국 인생이 말려버립니다. 그때 후회하면 늦어요. 우리 인생의 70퍼센트 이상을 차지하는 변수들을 인정해야 실패 후 찾아오는 헛된 자책과 책망에서 벗어나 다음 단계로 나아갈 수 있습니다.

지금까지의 내용은 당신의 믿음을 근본부터 강력히 흔들고 부정하는 내용이었을 것입니다. 그렇기에 끝까지 이런 의심을 놓을 수 없는 사람도 있을 것입니다. '운 없이 완벽한 목적·계획·노력으로 달성까지 되는 경우가 정말 없다고 자신할 수 있을까?' 인정합니다. 인정하고 증명하는 것이 과학이기 때문입니다. 그런 반례가 설사 존재한다고 해도 목적주의 도식의 최종장이 남아있습니다. 이 도식은 결코 완성될 수 없습니다.

Chapter 8

성취는
허상이다

목적 ⇄ 하루 = 의미, 가치 있는 삶

자, 다시 이 모든 것의 처음인 목적으로 돌아왔습니다. 지금까지 우리는 이 도식이 불가능하다는 것을 계속해서 증명해왔습니다. 그럼에도 불구하고, 완벽한 목적을 찾고, 완벽한 방법과 계획을 세우고, 완벽한 하루하루의 노력을 하고, 단 한 번의 변수 없이 결국 처음에 세운 목적을 달성한 불가사의한 '반례의 인간'이 있다고 가정해봅시다. 그렇다면 그는 정말로 이 도식의 존재 이유인 '의미 있고 가치 있는 인생'을 찬란하게 느낄까요? 결국 그는 이 '목적주의 도식'이 옳다는 것을 증명하는 존재가 될 수 있을까요?

아니요. 그렇지 않습니다. 목적만 성취하면 확실히 의미 있고 가치 있는 삶을 살 수 있다는 믿음 역시 허상입니다. 매우 그럴듯하지만 현실에서 그런 일은 일어나지 않습니다.

성취는 허상이다 1: 찰나의 성취감 그리고 질문들

무언가를 이루었을 때 우리는 선명한 성취감을 느낍니다. 인간은 목표를 달성하면 도파민이라는 신경전달물질이 분비되어 쾌감과 성취감을 느끼도록 설계되어 있습니다. 하지만 도파민의 지속 시간은 놀랍도록 짧습니다. 지속적으로 만족감을 주는 게 아니라 말 그대로 반짝하는 '신호'인 것입니다. 찰나의 성취감이 사라지면 그 자리에 질문이 찾아옵니다. "이게 끝인가?", "내가 원한 건 이것이었나?" 하고요.

여기, 30대 직장인이 있습니다. 열심히 일하고 악착같이 돈을 모은 끝에 마침내 내 집을 마련했습니다. 계약서에 도장을 찍던 날 진심으로 울컥했습니다. 월세살이의 불안함도, 전셋값 인상의 스트레스도 이제 끝이라고 생각했죠. 드디어 '이젠 좀 살 것 같다'는 마음이 들었습니다. 그런데 이사한 지 한 달도 채 안 되어 알 수 없는 허무함이 찾아옵니다. 고대하던 꿈을 이뤘는데 마음이 허전합니다. '여기가 내 마지막 목적지인가?', '그럼 앞으로는 뭘 위해 살아야 하지?'

한 50대 중년은 성실하게 일하며 자녀를 키우고 가정을 지켰습니다. 꾸준히 커리어를 쌓아오며 주변 사람들로부터 '참 잘 살아온 사람'이라는 평가도 받습니다. 그런데 문득문득 질문이 생깁니다. '나는 지금 만족스러운가?' '내 삶에 어떤 의미가 있지?' 자신이 이뤄온 성취들이 자신을 어디로 데려왔는지 의심하게 되는 시기입니다. 그래서 오히려 지난 성취에 집착하기 시작합니다. "나 때는 말이야……"라는 말과 함께 과거의 무용담을 꺼내며 그때의 성취를 인정받고 싶어 합니다. 성취가 곧 삶의 의미라고 믿고 싶어서입니다.

이런 현상은 매우 보편적입니다. 수능을 치른 학생이든, 승진한 직장인이든, 원하는 회사에 입사한 취업 준비생이든 마찬가지입니다. 오래 준비해오던 성취를 이뤘지만 며칠의 해방감이 지나면 뭔가 허전한 느낌이 밀려옵니다. 성취는 감정적으로는 강력하지만 실체는 너무나 허약합니다. 삶의 의미나 가치라는 무거운 질문을 감당할 그릇이 아닌 겁니다.

문제는 이 허약함을 인정하지 못하고 성취에 과도한 의미를 부여하려는 시도입니다. 이런 사람들은 삶의 의미에 대한 의문이 떠오를 때마다 그것을 부정하기 위해 자꾸 성취의 순간으로 돌아가려 합니다. "그때는 참 좋았지", "그래도 내가 그건 해냈잖아", "그 경험이 나를 만든 거야"라고 말하며 스스로를 설득합니다. 사실은 흔들리고 있는데 자신은 의미를 찾았다고 믿고 싶은 겁니다. 진정으로 삶에 만족하는 사람은 자신의 과거를 들먹이며 의미를 증명하지 않습니다. 과거의 성취를 인생의 본질처럼 붙잡고 있다는 것은 그 이후의 삶이 성취만큼 만족스럽지 않다는 반증입니다. 즉 성취 이후에 떠오르는 질문들과 그것이 만들어내는 혼란은 성취가 '완벽한 삶의 의미'는 아니었다는 가장 강력한 증거입니다.

성취는 허상이다 2: 사회와 나의 변화

사회는 계속해서 변화합니다. 기술이 바뀌고 기준이 바뀌며 시대가 바뀝니다. 우리 자신 역시 마찬가지로 늘 변화하고 있습니다. 어제는 가치 있다고 생각되던 일들이 오늘은 아무 의미도 없게 느껴질 수 있다는 게 별로 새로운 이야기도 아니죠.

예를 들어 과거에는 지상파 방송국의 PD가 되어 높은 시청률을 기록하는 프로그램을 제작하는 것이 성공한 영상 기획/제작자의 기준이었습니다. 공영 방송을 통해 사회에 영향력을 미치는 프로그램을 만드는 사람이 진짜 콘텐츠 전문가로 여겨졌죠. 하지만 지금은 누구나 스마트폰으로 촬영하고 편집하는 시대입니다. 유튜브 크리에이터가 수억 원을 벌고, 개인의 틱톡 영상이 세계적으로 화제가 됩니다. 오히려 전통적인 방송 프로그램은 '너무 길다'는 이유로 외면받기도 합니다. 방송국 입사라는 목적을 달성한 순간 '내 인생은 너무 의미 있고 가치 있다'고 느꼈던 사람이 불과 몇 년 후에 '내가 지금 하는 일은 너무 시대에 뒤처진 게 아닐까?'라고 바뀔 수 있다는 것입니다. 이는 그의 실패가 아니라 사회의 가치 중심이 변한 것뿐입니다. 영상 제작자뿐 아니라 한때 기라성처럼 느껴지던 의료, 법률, 교육 전문가의 자리조차 자동화 기술, 인공지능 같은 기술의 발전과 사회적 인식의 변화에 따라 위상이 달라졌습니다.

우리 스스로는 또 어떤가요? 10대 때 나는 아이돌 가수가 세상에서 가장 멋지고 가치 있는 꿈이라고 생각했을 수 있습니다. 하지만 20대가 되어 사회에 나가면서 그 꿈은 기업 CEO로 바뀔 수 있습니다. 30대가 되어서는 그런 사회적 인정보다 가족의 안정과 행복이 가장 큰 꿈이라고 생각할지도 모릅니다. 이러한 변화는 단순한 타협이 아닙니다. 나라는 사람과 내 주위 환경이 바뀌면서 의미, 가치에 대한 기준이 달라졌을 뿐입니다. 나는 죽기 직전까지 계속 바뀔 것입니다.

내가 의미 있다고 생각했던 목적을 달성했을 때에도 나는 달라져 있을 것입니다. 또는 사회가 달라져 있을 것입니다. 더 이상 그 목적이 나에게 처음과 같은 의미, 가치를 지니지 못할 수도 있습니다. 바로 이것이 '목적 성취의 허상'입니다. 분명 처음에는 진심으로 의미 있다고 믿었기에 정한 목적이, 막상 그 자리에 도달해보면 처음의 의미와 가치가 퇴색되어 있는 일은 비일비재합니다. '영원히 퇴색되지 않는 목적'이라는 것은 매우 그럴듯한 허상일 뿐입니다.

성취는 허상이다 3:
근본적인 모순

혹여 앞의 허상들을 통과하는 '완벽한 목적 성취'가 있다고 해도 이 목적 달성이라는 것은 그 자체로 아주 치명적인 문제점을 가지고 있습니다. 다시 말해 의미와 가치가 결코 변하지 않고 흔들리지 않는 아주 완전한 목적을 실제로 성취했다고 해도 목적주의 도식이 가지고 있는 '근본적인 모순' 때문에 그 어떤 경우에도 '내 삶은 의미 있고 가치 있는 삶이었다'라고 선언할 수 없게 된다는 것입니다. 도대체 이 근본적인 모순이라는 게 무엇일까요?

자, 여러분이 정말 오랜 시간 동안 애타게 바랐던 목적에 도달했습니다. 그동안의 하루하루는 그 목적이 있었기에 분명 의미 있고 가치 있었습니다. 서울대, 연고대 입학이라는 목적을 향해 달려왔고 마침내 합격했다고 해보죠. 서울 아파트 입성이라는 목적을 위해 치열하게 살아왔고 마침내 계약서에 도장을 찍었다고 해보죠. 문제는 그다음입니다. 그럼 이제는 무엇을 위해 달려야 할까요?

나의 삶은 그러한 목적이 있었기에 의미 있고 가치 있었습니다. 그러나 성취와 동시에 내 삶의 의미와 가치의 기준으로 삼았던 그 목적은 이제 사라졌습니다. 이제 더는 기준이 없습니다. 기준이 사라진 내 하루는 방향을 잃고 방황하고, 기준이 사라진 일들은 의미와 가치를 잃어버립니다. 목적주의는 목적이 있는 동안만 작동하는 시스템입니다. 그러나 목적은 달성되는 순간 사라지죠. 목적주의 도식의 처음이자 끝인 목적이 빈 칸이 되어버리는 것입니다. 이것이 목적주의 도식이 가진 근본적인 모순입니다.

물론 "바로 다음 목적을 찾으면 되지"라고 말할 수도 있습니다. 맞습니다. 실제로도 그게 우리가 살아가는 방식이죠. 잠시라도 '목적의 공백'을 허용하지 않고 쉼 없이 다음 목적을 설정합니다. 대학에 합격한 학생은 이제 가장 좋은 기업을 목적으로 설정할 겁니다. 취직하고 나면 가장 좋은 집을 구입하는 것을 목적으로 설정하겠죠. 그다음은 가장 좋은 결혼, 가장 좋은 부모 역할, 그다음은……. 이른바 '성공 테크 트리'라는 것의 탄생입니다. 문제는 40대만 되어도 그다음은 찾기 힘들다는 것입니다. 트리가 끊기는 것이죠.

사회에서 주입한 이 목적들이 정말 인생을 의미 있고 가치 있게 만들어주는지도 심각한 의문입니다. 어쨌든 가장 큰 문제는 죽기 직전까지 '다음 목적'의 덫에서 벗어나지 못한다는 것입니다. 목적을 달성하는 순간 목말라지는, 마시면 마실수록 더 갈증을 유발하는 '바닷물'과 같은 삶입니다. 우리가 끊임없이 '다음 목적'을 향해 내달리면서 느껴온 피곤함과 공허함의 실체는 바로 여기에 있습니다.

목적주의는 허상이다:
최종 반례

드디어 목적주의의 마지막 장에 도달했습니다. 지금까지 '목적주의 도식'이 얼마나 허상인지 하나하나 조목조목 파훼해왔습니다. 이 모든 허상을 뛰어넘는 '최종 반례의 인간'을 가정해보겠습니다.

세상에 태어나 이루어야 할 완벽한 목적을 찾은 사람이 있어요. 어떤 의문도 들지 않는 절대적 목적이자 세상과 자신이 아무리 변해도 바뀔 일 없는 불변의 목적입니다. 이어 이 목적을 위한 완벽한 방법과 계획을 세웁니다. 어떠한 변수도 없이 모든 운이 따르고, 온 세상이 이 계획을 위해서 완벽하게 돌아갑니다. 이 사람은 계획대로 완벽한 하루를 살아갑니다. 동기부여의 화신이 되어 절대 게을러지지 않고 강박도 갖지 않고 매일매일 노력하며 착착 살아갑니다. 그리고 마침내 목적을 달성합니다. 성취 후에도 절대 허무해지지도 않고, 목적의 사회적 가치도 전혀 훼손되지 않았습니다. 그러고 나서 그는 지체 없이 또 다른 완벽한 목적을 찾아내고 동일한 과정을 반복합니다.

또다시 너무 완전한 방법과 계획이 그에게 찾아오고, 완벽하게 설계된 매일을 조금의 나태함 없이 살아냅니다. 또 모든 변수가, 온 세상이, 모든 운이 다 받쳐줘서 목적을 완벽하게 달성합니다. 이번에도 아무런 질문도, 의심도, 혼란도, 허무함도 없습니다. 그리고 또 곧바로 다음 완벽한 목적, 완벽한 계획, 완벽한 하루, 완벽한 달성, 완벽한 만족……. 이 모든 과정을 무한히 반복합니다.

어떤 느낌이 드시나요? 너무나 멋지고 위대한 인간상이고, 누구나 마땅히 본받아야 할 인생이라고 느껴지시나요? 그보다는 말로 설명할 수 없는 이상한 위화감이 들지 않나요? 맞습니다. 그는 인간이 아닙니다. 기계입니다. 이상적이 아니라 가상적인 삶입니다. 수학 공식처럼 딱딱 들어맞을 뿐, 현실감이 완전히 거세된 인간상입니다. 인간의 본성과 인간 사회의 구조가 전혀 반영되지 않은, 그럴싸해 보이지만 현실에는 절대 있을 수 없는 '허상'입니다.

그래도 마지막까지 과학의 기본 요건인 '반례 가능성'을 받아들여 저런 사람이 지구 어딘가에 존재한다고 인정해보겠습니다. 첫째, 이런 인간은 80억 인구 중에 10명도 채 되지 않을 것입니다. 그런 극소수의 예외적인 특수한 삶을 다른 모든 이들의 지표로 삼는 것은 말이 되지 않습니다. 그런 삶을 기준으로 인생을 재단한다면 대부분은 죽을 때까지 달성하지 못하고 자신의 인생을 자조하며 삶을 마감하게 될 겁니다. 둘째, 이런 인간은 위대한 인간이 아닙니다. 기형적인 인간상일 뿐입니다. 인간의 감정과 불완전성, 환경의 변화 가능성을 완전히 무시한 목적 지향 알고리즘이 탑재된 인공지능에 가까운 존재일 뿐입니다. 보편적인 인간이 보고 배우고 동경하며 따라야 할 인생 기준은 절대 아니라는 것입니다.

Chapter 9

목적주의는 틀렸다

주장이 아닌 증명을 위한 여정

지금까지의 모든 이야기는 단 하나의 결론을 증명하기 위한 여정이었습니다. 이런 '최종 반례'의 인간형이 얼마나 실현 불가능하며, 가능하더라도 얼마나 왜곡된 삶인지 보여주기 위해 목적, 계획, 하루, 달성, 성취라는 구조를 차례로 해체하며 살펴보았습니다.

이제 최종 결론을 내리겠습니다. 목적주의는 틀렸습니다. 모든 반례를 통과하는 사람이 어딘가에 존재한다고 해도 우리는 그 인간상을 보편적인 기준으로 삼을 수 없습니다. 인생관, 가치관, 인생철학으로 자리 잡으려면 누구나 일정 수준의 노력과 이해를 통해 닿을 수 있어야 합니다. '삶의 기준'은 최소한 사람들이 열심히 살아서 그 언저리까지 도달할 수 있어야 하는 것이어야 하니까요.

그런데 목적주의는 어떠한가요? 모두가 앞만 보고 좇으며 자기 세뇌를 하게 만드는 이 관념은 기계적이고 비현실적인 방식으로만 도달 가능한 환상입니다. 기계에나 적합할 만한 상을 삶의 지표로 삼으니 그 누구도 '무결점의 완벽한 지대'에 도달하지 못하고 스스로를 부족하다고 채찍질하게 되었습니다. 이것은 인생관으로서, 인생기준으로서 결격입니다. 여러 가치관 중 하나로서 인정해서는 안 됩니다. 틀린 인생관이자 틀린 인생철학입니다.

여기까지 온 여러분, 이 책을 읽는 내내 지금까지의 인생이 전부 해석되면서도 한편으로는 아주 혼란스러웠을 것입니다.

지금까지 내 인생 기준이었던 인생관이 송두리째 흔들렸을 테니까요. 그러나 여러분 속에 뿌리 내린 그것은 어쩌면 관성이었을지 모릅니다. 이제 우리는 이렇게 말해야 합니다. 목적주의는 틀렸다고요. 목적주의는 인간의 것이 아닙니다. 인생 기준으로 삼는 순간, 내 인생은 무조건 공허해집니다. 치명적입니다.

'목적주의는 틀렸다.' 이 책은 주장이 아닌 증명의 책입니다. 목적주의 도식의 오류를 설명하는 내내 '반례 가능성'을 받아들인 것이 바로 그 때문이었습니다. '그냥 저의 개인적인 생각일 뿐입니다'가 아닌 과학적 논증을 하기 위해서였습니다. 관성과 반박과 지적과 싸워야 하는 굉장히 힘들고 위험한 길이란 것도 잘 알고 있었습니다. 이 이론을 정립하면서 마지막으로 확인을 받을 것이 있어 존경하는 교수님을 찾아갔습니다. 교수님이 이렇게 말했습니다. "네가 뭘 하는지 알겠고, 이론적으로 맞아. 그런데 하지 마." 목적주의를 정면으로 반박하면 대중에게 공격받을 것이라고 염려한 거죠. '네가 무슨 과학자냐, 철학자냐.' 사람들이 따지고 들거나 제가 아무리 반증을 들어가며 설명하더라도 '내가 아는 철학 이론에 의하면……'이라든가 '내가 아는 어떤 사람은……'과 같은 반응이 따라올 것이라고요. 그러면서 이렇게 덧붙였습니다. "사람들이 믿고 있는 것을 바꾸고 설득하려 하는 건 애꿎은 힘만 빼는 일이야. 그냥 사람들이 듣기 좋아하는 말 한두 개만 던지고 이렇게 말하면서 끝내. '어디까지나 제 주장입니다. 인생에 정답이 어디 있겠습니까? 참고하시되, 각자 자신의 삶을 사세요.'"

하지만 저는 오히려 그 이야기를 들으며 이런 결심을 했습니다. "나는 내 길을 가겠다"고요. '개인적 주장의 길이 아닌, 과학적 논증의 길로 반드시 가야겠다'라고요. 목적주의가 틀렸음을 '증명'해야겠다고요. 그 이유는, 제가 이를 연구하면서 만난 수많은 사람 때문입니다.

논리가 아닌 위로,
위로가 아닌 논리

한 전업주부가 있었습니다. 원래 사회생활을 하며 승승장구하다가 아이가 태어나면서부터 전업주부로 전환한 사람이었죠. 그가 이런 말을 했어요. "빨리 사회에 복귀하고 싶어요. 지금 제

생활은 너무 무가치하게 느껴져요. 이렇게 지내다가 경력도 단절되고, 더 나이가 들면 무색무취한 엄마로만 남을 것 같아서 너무 두려워요."

그가 그렇게 느낀 이유는 명확합니다. 사회에서 일하며 어떤 지위나 업적을 성취하는 것이 가치 있는 삶이라는 목적주의 기준을 내면화하고 있어서 **지금의 삶이 그 기준에 미치지 못하기 때문입니다.** 그에게 아이를 키우는 게 더 의미 있는 일이라고 위로하는 말 역시 '목적주의 기준' 위에 있습니다. '부모'라는 목적을 이루어야 삶은 의미 있고 그러지 않으면 의미가 없다는 전제가 깔려있으니까요.

외벌이를 하는 40대 가장들도 만났습니다. 좋은 대학, 안정적인 직장, 행복한 결혼 그리고 내 집 마련이라는 성공 테크트리를 따라 성실히 달려왔지만 지금은 이렇게 말하죠. "이제 뭘 위해 살아야 할지 모르겠네요." "지금껏 열심히 살아왔는데 이게 맞나 싶습니다." "자라는 아이를 보면 뿌듯한데, 나는 뭘까요." 출퇴근을 반복하며 살아내는 일의 허무, 이제는 스스로가 별것 없이 평범하게만 느껴지는 자기 절하가 그를 지배합니다.

주변에서 "사람 사는 게 다 똑같지"라고 말하지만 정작 그 말에도 쓸쓸함이 배어 있죠. 목적이 사라져버린 곳에 찾아온 공허, 젊었을 때 품었던 더 멋진 목적과 멀어진 자신의 평범함에 대한 한탄, 결국 이 모든 것들도 '목적'을 삶의 기준으로 살아왔기 때문입니다.

꿈이 없어 답답해하는 청년들도 수없이 만났습니다. "인생엔 꿈이 있어야 해", "꿈 없는 삶은 의미 없는 삶이야"라는 말을 어렸을 때부터 반복적으로 들으며, 목적주의를 당연한 인생의 기준으로 주입받은 친구들입니다. 그 기준에 못 미친다고 생각하기에 꿈 없는 자신의 현재 처지를 답답해하고 꿈을 찾은 친구들을 마냥 부러워하게 된 것이죠.

제가 지금까지도 잊지 못하는 한 청년이 있습니다. 고군분투하는 젊은 세대의 삶을 담은 영상에서 본 친구였습니다. 그는 포부를 가지고 스타트업 창업에 도전했지만 여러 차례 실패를 거듭했어요. 그건 그의 잘못이 아니라 당시 우리나라에 저성장, 불경기가 오면서 벤처 기업 투자에 씨가 마른 탓이 컸습니다. 하지만 그는 그런 변수마저도 본인의 노력으로 극복해야 한다고 생각했습니다. 생활고에 시달리니까 고시촌에 살면서 저녁에는 배달 아르바이트를 하고 낮에는 스타트업 일을 하며 마지막 네 번째 아이템으로 재도전하던 중이었어요. 그가 마지막에 했던 인터뷰가 잊히지 않습니다. "이번에는 잘될 것 같아요?"라고 묻는 진행자의 질문에 그는 이렇게 답했습니다. "쉽지 않을 것 같네요. 이것을 끝으로 이제 사업은 접으려고요. 그러면 저는 여기까지인 것 같습니다."

그의 어투는, 그의 눈빛은 '사업이 잘 안 돼서 아쉽지만 이제 접겠다'는, 단순히 사업을 포기하겠다는 말이 아니었습니다. 자신이 생각하는 가치 있고 높은 삶의 레이스에서 이탈하여, 이제는 평범한 그저 그런 삶에 합류한다는 체념의 무언가였습니다. 그래서 저는 그 청년의 눈빛과 표정을 잊지 못합니다. 대단한 슬픔이었고, 동시에 대단한 분노를 느꼈습니다. 그는 생의 마지막을 앞둔 노인이 아니었습니다. 20대 후반, 말 그대로 창창한 청년이 '나의 의미 있고 가치 있는 삶은 여기까지다. 이제는 없다'고 자신의 입으로 선언하고 있었습니다. 그놈의 '목적'이라는 기준을 달성할 수 없다는 이유로요.

이 20대 청년에게, 전업 주부에게, 40대 가장에게, 꿈 없는 친구들에게 '공식적으로' 말하겠습니다. 한 번 참고해볼 만한 주장이나 생각이 아니라 과학적으로 검증하고 논리적으로 증명한 결론입니다. 그러니 단정 지어 말하겠습니다. **그렇게 생각하지 마세요. 당신이 틀린 것이 아니라 당신이 가진 기준이 잘못된 것입니다.** 맞지도 않는 기준, 어떤 인간도 달성할 수 없는 허상의 기준을 세워놓고, 그것을 달성하지 못했다고 자책하지 마세요. 잘못된 기준에 맞추어 하지 않아도 될 내 인생에 대한 야박한 평가를 당장 멈추세요. 틀린 기준에서 멀어지고 있을 뿐인데, 내 삶이 점점 의미 있고 가치 있는 삶에서 멀어지고 있다고 함부로 씁쓸해하지 마세요.

여러분은 어떤가요? 제가 이야기한 사람들과 똑같지는 않더라도 모두 비슷하게 살고 있지 않나요? 다들 살아가면서 점점 평범해지고 있다고 생각하지 않나요? 아닙니다. **여러분의 삶은 평범해지고 있지 않습니다.** 잘못된 기준에서 멀어지고 있을 뿐, 실제 삶의 의미와 가치는 떨어지고 있지 않습니다. 그런 기준들은 마치 절대적인 것처럼 포장되어 있지만 실은 자본주의와 고성장이 만들어낸 착시일 뿐입니다. 많은 사람이 그렇다고 믿기에 나도 의심 없이 따랐을 뿐입니다. '당신은 특별하다, 아름답다', 이런 뻔한 이야기를 하려는 것이 아니에요. 저는 단순히 여러분을 연민하고 위로하려는 게 아닙니다. 그보다는 분노에 가깝습니다. 잘못된 인생 기준이 버젓이 진리처럼 여겨지는 상황에 대한 이성적 분노입니다. 틀린 기준에 견주어 거의 모든 사람들이 '하지 않아도 될' 내 삶에 대한 저평가를 하고 있는 이 말도 안 되는 상황을 교정하고 싶었습니다.

지금까지의 이 길고 긴 이야기는 에세이가 아닙니다. 과학입니다. 이 모든 이야기를 단순한 위로로 받아들이지 않았으면 좋겠습니다. 저는 여러분께 팩트를 전하고 있습니다. 저는 머리로 여러분의 가슴에 이야기하고 있습니다. 감정이 아닌 이성으로, 위로가 아닌 논리로 전하고자 했습니다. 이건 이미 수천 년 전부터 철학자들이 말해왔고, 진화학과 뇌과학이 증명한 사실이며, 수많은 실패 사례로 검증된 현실입니다. 저는 지금 여러분이 느끼는 공허함이 잘못된 기준에서 비롯되었음을 증명하고자 이 책을 썼습니다. **당신의 삶은 틀리지 않았습니다. 목적주의라는 기준이 틀린 것입니다.** 이 책은 지금 이 순간 스스로를 별거 없다 여기며 살아가는 모든 이들, 아니 그렇게 '잘못 믿고' 있는 이들에게 바치는 책입니다.

목적주의에서 탈출하라

여러분이 기억해야 하는 것은 단 한 가지입니다. 목적주의는 틀렸습니다. 그러니 제발 따르지 마십시오. 내 인생은 그저 그렇다고 스스로 단정짓지 마십시오. 목적주의에서 탈출하십시오.

| 목적주의 |

~~목적 ⇌ 하루~~ = 의미, 가치 있는 삶

우리는 지금까지 하나의 강력한 프레임에 갇혀 살아왔습니다. '목적을 찾아야 한다', '방법을 찾아야 한다', '동기부여가 필요하다'. 그래도 잘 안 되면 다시 '목적을 구체화해야 한다'……. 이 틀은 우리에게 너무나 익숙하고 자연스러웠고, 그렇기에 그 안에서 계속 빙빙 맴돌았습니다. 그러나 그 속에서는 절대 의미, 가치 있는 삶을 찾을 수 없습니다. 아예 빠져나와야 합니다. 그것이 유일한 탈출구입니다.

물론 벗어나기 쉽지 않을 거예요. 제가 이렇게까지 호소하지만 여전히 마음속 한구석에서 이런 목소리가 들릴 수 있습니다. "그래도 잘 살려면 뭐라도 목적이 있어야 하는 거 아닌가?" 이해합니다. 만약 지금 당신이 인생의 목적에 가까워졌다고 느끼는 순간이라면 제 말이 더더욱 들리지 않을 거예요. 하지만 목적주의는 언젠가 당신을 배신할 겁니다. 너무 늦지만 않게 돌아오세요. 인생을 많이 흘려 보낸 다음에 돌아오면 늦으니까요.

세상은 인생에 목적을 가져야 하고 꿈을 이루어야 한다고 말하는 목적주의자들로 가득합니다. 하지만 그들을 비난할 필요도, 자신을 의심할 필요도 없습니다. 우리는 모두 같은 세상에서 같은 교육을 받으며 같은 미디어에 노출된 환경에서 살아왔습니다. 그럴듯한 목적주의에 세뇌되어 살아왔죠. 그들이 여러분에게 계속 이야기할 거예요. "꿈을 가져. 꿈을 이뤄. 그게 삶이야."

이것만 기억하세요. 누구도 의미 있고 가치 있는 삶을 살지 못하고 있는 그야말로 '공허의 시대'인데, 왜 다수의 말을 따라야 하나요? 모두가 닿을 수 없는 허상을 좇으며 자신의 인생 가치와 의미를 저평가하고만 있는데, 왜 그런 기준을 다수가 따른다고 나도 따라야 할까요? 당신이 옳다고 생각하는 다른 것을 발견했다면, 그 믿음을 따라가세요.

그러는 동안 이 책을 반복해서 읽으며 당신의 프레임을 바꾸는 데 사용하십시오. 그리고 새로운 프레임으로 세상을 보세요. '목적주의가 틀렸다'는 관점으로 세상을 보고 생활에 적용하기 시작하면 이전에는 보이지 않던 새로운 것들이 보이고 삶이 달라질 것입니다. 우리는 지금 단지 하나의 철학을 비판한 것이 아닙니다. 인생을 바라보는 관점, 기준, 잣대를 전면적으로 교체하려는 것입니다. 그것이 어렵고 버겁다는 걸 알아요. 현실에서 이를 적용하기가 어렵다면 제가 여러분을 도울 것입니다. 철학을 말하는 데서 그치지 않고 여러분 삶에 반드시 적용시킬 거예요. 이 책 역시 그 일환입니다.

이 여정은 여기서 끝나지 않습니다. 아직 우리가 답해야 할 질문이 남아있기 때문입니다.

"그렇다면, 우리는 무엇을 위해 살아야 할까요? 목적 대신 무엇을 기준으로 삼아야 내 삶은 진정으로 의미 있고 가치 있는 삶이 될까요?"

이 질문에 대한 답은 3부에서 이야기하겠습니다. 목적주의를 대체할 인간의 진짜 의미, 가치 기준. 인간 본성에 맞는 진짜 인생관, 인생철학에 대한 이야기. 이미 오래전부터 철학자들이 밝혀놓은 인간의 무의식이었고, 최근에는 뇌과학과 진화학이 그 근거를 보완해주었지만 너무 추상적이어서 받아들이기 어려웠던 이야기입니다. 저는 그것을 이번에도 구체적인 코드로 의식화하여 전달할 것입니다. 절대 뜬구름 잡지 않고 극히 구체적이고 손에 와닿게 전달할 것입니다. 이 책의 3부는 바로 그 '진짜 인생의 프레임'을 다시 세우기 위한 장대한 시작입니다.

Part 3

충만주의의 회복

Chapter 10

인간의 진짜 의미, 가치 메커니즘 '충만주의' 대각성

이유도 목적도 없이 어떤 일에 몰입하게 되는 순간이 있습니다. 보상이나 결과 같은 것은 신경 쓰지 않습니다. 그저 오늘 하루 이 일에 깊이 빠져있을 뿐입니다. 그렇게 전력을 다해 몰입한 날이면 몸은 피곤하지만 마음은 이상할 만큼 가득 찬 느낌입니다. 우리의 본성은 이미 알고 있습니다. 의미, 가치는 결과나 성취에서 오지 않는다는 것을요. 그런데도 우리는 자꾸 외면하고, 내 안의 목적주의의 망령 역시 이렇게 속삭입니다. "그렇게 살면 뭐가 달라지는데?"

그 속삭임을 과감히 떨쳐내고 나면 내 안에 남는 것은 단 하나입니다. '충만한 감각.' 이유 없이 충만한 느낌, 잘 살고 있다는 느낌만이 내 안을 가득 채웁니다.

"의미, 가치는 어디에서 오는가? 무엇에서 느껴지는가?" 이 물음에 대한 답은 '충만주의'입니다. 목적이 아닌 충만, 바깥이 아닌 내면. 삶의 기준은 여기에서부터 다시 세워져야 합니다.

"나는 잘 살고 있는가?"

내 삶 전체를 관통하는 이 질문에 충만주의가 분명한 기준이 되어줄 것입니다.

삶의 의미, 가치에 대한 인간의 진짜 본성

여러분이 왜 이 책을 읽는지 다시 자문해보세요. 여러분은 삶이 공허하다고 느낍니다. 의미, 가치 있는 삶과 멀어지고 있다고 생각합니다. 언젠가 생의 마지막 순간 '정말 잘 살았다'고 말할 수 있는 삶을 꿈꾸지만, 점점 그 바람과 멀어지고 있다고 생각합니다. 그래서 텅 빈 마음을 달래려 이 책을 펼쳐 들었습니다.

1부에서 우리는 대부분의 현대인이 '목적주의 도식'을 삶의 기준으로 삼고 있다는 사실을 확인하고, '이렇게 살아야 의미, 가치 있다'는 신념이 우리의 무의식 깊숙이 각인되어 있었음을 깨달았습니다. 하지만 그 도식은 틀렸습니다. 그것은 인간적이지도, 현실적이지도 않은 허상에 가깝습니다. 본래 인간의 삶과는 어울리지 않는, 인위적으로 주입된 프레임에 불과합니다. 지금 느끼고 있는 공허감 역시 우리가 본래 느껴야 할 감정이 아닙니다. 오류 없이 프로그래밍된 기계의 삶, 존재하지도 않는 비현실적인 삶에 자신을 견주려 하다 보니 의미, 가치를 느끼지 못하는 것은 어쩌면 당연한 결과입니다.

그 허상을 걷어 내고, 삶을 끊임없이 계산하고 판단하게 만드는 목적주의를 해체하여 그 자리에 진짜 인간의 본성, 철학, 메커니즘을 채워 넣는 일은 물론 쉽지 않습니다. 목적주의는 이미 관성을 넘어 본능처럼 우리 안에서 작동하고 있으니까요. 그 익숙한 감각은 아무리 떨치려 해도 계속해서 되살아나고, 낡은 기준은 어느새 다시 고개를 들 테죠. 하지만 관성을 넘어서야 합니다. 허상을 좇느라 허비한 마음과 시간을 뒤로하고 삶의 의미, 가치를 회복하기 위해서입니다.

우리는 지금까지 목적주의라는 악령을 쫓기 위해 공들여왔습니다. 이제 그 빈자리를 채울 차례입니다. 저는 인간의 본성에 더 가까운 새로운 기준을 여러분에게 제안합니다. '본성'이라는 단어를 반복해서 강조하는 데는 이유가 있습니다. 목적주의는 계산과 판단의 결과입니다. 학습되고 세뇌된 사고죠. 반면 본성은 훨씬 단순한 것이고 무엇보다 직관적입니다. 복잡한 해석 없이도 우리 안에서 자연스럽게 작동합니다. 지금 이 순간 내가 '잘 살고 있다'는 감각을 즉각적으로 느낄 수 있는 것. 아무런 이유나 설명이 필요 없는 것. 그것이 진짜 본성입니다.

누구에게나 삶에서 충만함을 느꼈던 순간이 있습니다. '잘 살고있다'는 감각을 느낀 적이 분명히 있죠. 그 느낌이 모호하게 남아있다면 또는 그런 경험이 있었는지 가물가물하다면, 목적주의적 사고가 당신의 감각을 흐리게 만들었기 때문입니다.

이제 그 느낌을 다시 꺼내어 보이겠습니다. 여러 예시를 통해 여러분의 기억과 겹치는 순간을 되살려보려 합니다. 그 감각을 다시 붙잡을 수 있다면 목적주의의 프레임을 넘어 새로운 가능성을 찾을 수 있을 것입니다. 그러면 우리는 더 이상 공허하지 않을 겁니다. 지금, 삶의 의미와 가치를 인간의 본성 위에 다시 세울 시간입니다.

우리는 이미 목적 없이도
삶의 의미, 가치를 느낀 적이 있다

우리는 이미 '잘 살았다'는 감각을 느낀 적이 있습니다. 이유, 보상, 목적의 유무와 관계없이 이상하게 뿌듯했던 순간. 전심으로 몰입했을 뿐인데 무언가를 다 해낸 듯한 느낌이 들던 날. 알아주는 사람이 없어도 괜스레 대단했던 하루. 그런 때면 우리는 이유 없이 충만했습니다.

그 감각이 인간의 본성입니다. 원래 우리는 그렇게 살아가도록 세팅되어 있습니다. 계산하지 않아도 마음이 먼저 반응하고, 의미를 따지기 전에 이미 감각이 다가옵니다. 그런 순간을 맞닥뜨리면 우리는 이렇게 느낍니다. '잘 살았다.' 모두가 한 번쯤 느껴봤지만 잠시 잊고 있을 그 감각을 이제부터 일깨워드리겠습니다.

예를 들어, 회사에서 일에 완전히 몰입해 미친 듯한 추진력을 발휘하는 때가 있습니다. 평가나 보상은 안중에도 없이 그저 일 자체에 집중할 뿐이죠. 그런 날이면 몸은 피곤해도 마음은 보람으로 가득 찹니다. "괜히 기분이 좋다. 뿌듯하다. 여한이 없다." 이런 말이 입에서 절로 튀어나옵니다. 이것이 본성적인 감각입니다. 그 감각은 어디에서 온 걸까요? 생산성과는 무관한 집중과 몰입의 순간, 몸과 마음이 충만한 순간. 그런 순간들은 누구나의 삶에 분명히 존재합니다.

하지만 그도 잠시, 내 안의 목적주의 망령이 이렇게 속삭이죠. "그렇게 일한다고 월급을 더 받는 것도 아니고, 알아주는 사람도 없어." "그래서 내게 남는 게 뭐지? 이 일이 내 인생에 어떤 도움이 되지?" 뒤이은 계산들이 본성의 감각을 짓누르려 합니다. 이제부터 해야 할 일은 하나입니다. 이후에 따라붙는 내 안의 목소리와 머릿속에 떠오르는 계산은 단호히 떨쳐내고, 가장 먼저 찾아오는 감각에만 집중하는 것입니다. 목적이 끼어들기 전 떠오른 짧지만 또렷했던 그 느낌을 놓치지 않는 것이죠. 그 감각은 결코 착각이 아닙니다.

물론 그 느낌이 무엇인지는 알지만, 그 잠깐의 감각만으로 '잘 살았다'고 말하기는 부족한 것 아닌지 의심할 수 있습니다. 잘 살았다고 말하기 어색하다면 그 역시 목적주의가 남긴 흔적 때문입니다. '잘 살았다'는 말은 원래 본성적인 감각입니다. 그런데 우리는 그 말마저 목적주의에 빼앗기고 만 것입니다.

제 이야기를 들은 한 사람이 이런 말을 했습니다. "회사에 갓 입사해서 2년 차까지는 물불 가리지 않고 일에 전심전력하던 때가 있었습니다. 너무 힘들었지만 그만큼 뿌듯했죠. 지금은 그때보다 여러모로 생활에 여유가 생겼지만 아직도 그 당시의 느낌을 잊지 못하겠습니다. 그때는 진짜 살아있다고 느꼈던 것 같아요." 삶은 목적과 멀리 떨어져있을 때 더 선명하게 느껴지기도 합니다. 시간이 흘러 생활이 윤택해지고 목적에 가까운 삶을 살게 되면 오히려 잘 살았다는 느낌은 희미해집니다.

이런 감각은 일뿐만 아니라 일상의 곳곳에서 발현됩니다. 수험생이라면 하루 종일 문제 하나에 매달리기도, 독서가 취미인 사람이라면 시간 가는 줄 모르고 책에 흠뻑 빠지기도 하죠. 매일 아침 커피를 마시는 사람이라면 한순간 커피 맛에 깊이 몰두하기도 합니다.

이렇게 무언가에 몰입한 사람을 목격할 때 우리는 "이 사람은 지금 자신의 삶을 완전히 살고 있다"는 경이로움을 느낍니다. 강연에 몰입한 연사, 랩과 무아지경에 빠진 래퍼, 케이크를 포장하며 매듭 하나 묶는 데 공을 들이고 또 들이는 점원. 그들이 보여주는 공통된 모습은 하나입니다. 삶에 몰입해 있다는 것이죠.

우리는 되찾아야 합니다. 우리가 이미 알고 있는 그 감각, 그 느낌에 다시 제대로 된 이름을 붙일 차례입니다. 뿌듯함, 온전함, 오롯함으로 둘러 표현할 것 없이 원래의 이름 그대로 표현할 차례입니다. 그것은 분명히 잘 살았다는 감각이자 다름 아닌 우리의 본성입니다.

이제부터 '잘 살았다'라는 말이 목적주의의 것만은 아니라는 사실을 보여드리겠습니다. 이 감각을 느끼는 우리의 무의식에 무엇이 있는지 의식화해 보이겠습니다. 여러분 안에 분명히 존재하는 본성적 감각에 당당히 이 말들을 붙일 수 있도록 말입니다.

'오늘 하루 나는 잘 살았다.'
'지금 이 순간 내 삶은 가치 있다.'

'잘 살았음'을 느끼는 원리

'전심, 전력, 몰두, 몰입'의 순간, 우리는 부연 설명 없이도 잘 살았다는 감각을 느낄 수 있습니다. 지금부터 그 감각의 원리를 들여다보겠습니다.

전심/전력/몰두/몰입 = '잘 살았다!'

먼저 의미부터 분명히 해야 합니다. 전심, 전력, 몰두, 몰입.

이는 라이프코드 연구소에서 신중하게 고른 단어들입니다. 얼핏 보면 '열심'이란 말과 비슷해 보이지만 엄연히 다릅니다. '열심'이라는 단어는 생산성과 목적주의와 긴밀히 연결되어 거의 분리되지 않습니다. 무엇보다 중요한 것은 단순히 무언가를 열심히 한다고 해서 잘 살았다는 느낌이 들진 않는다는 사실입니다. 일이나 공부를 그저 열심히 했다고 해서 잘 살았다고 느껴지지는 않죠.

잘 살았다는 감각은 단순한 열심의 결과가 아닙니다. 그것은 전혀 다른 차원의 감각입니다. 전심, 전력, 몰두, 몰입을 통해 특정 무의식과 연결되어야 합니다. 바로 '내가 지금 이 눈앞의 경험을 온전히, Full로, 100퍼센트 했다'는 무의식입니다. 커피의 맛과 향을 빠짐없이 오롯이 느끼는 순간, 케이크 상자를 포장하며 온전히 리본의 매듭 묶는 일에만 집중하는 순간. 이런 순간에 우리는 '지금 이 경험을 100퍼센트 하고 있다'는 감각을 느낍니다. 그리고 이 감각은 곧바로 '지금 내 인생을 100퍼센트 살아냈다'라는, '잘 살았다'라는 감각과 직결되는 더 깊은 무의식을 건드립니다. 왜 이런 연쇄적 연결이 일어나는 것일까요?

이를 이해하기 위해서는, 우리가 '인생을 산다'는 것을 어떻게 인식하는지를 먼저 알아야 합니다. 누가 "요즘 어떻게 살아?"라고 물으면 보통 어떻게 대답하나요? 대개 "최근에 여행 다녀왔어" 혹은 "지금 취업 준비 중이야"라는 식으로 경험을 이야기하죠. "숨 쉬고 있어", "소화 과정 중이야"라고 생물학적인 '산다'를 이야기하지 않습니다. 인간에게 산다는 것은 곧 경험한다는 뜻입니다. 지금 이 순간 저는 이 글을 쓰는 경험을 하고 있고, 여러분은 이 글을 읽는 경험을 하고 있습니다. 달리 표현하면 저는 글을 쓰는 삶을 살고 있고, 여러분은 읽는 삶을 살고 있는 것입니다. '경험하는 것이 곧 사는 것'임을 깨달으면, 인간의 무의식을 더 완전히 이해할 수 있게 됩니다.

커피를 마시는 경험을 떠올려 보겠습니다. "나는 커피를 온전히 마셨다." 이는 곧 "나는 지금 커피를 마시는 인생을 하나도 낭비하지 않고 100퍼센트로 살았다"는 말입니다. 혼신의 공을 들여 케이크 상자를 포장하는 직원도 이렇게 말할 수 있습니다. "나는 지금 포장하는 삶을 Full로 살고 있다." 어떤 경험을 전심, 전력, 몰두, 몰입하여 해낸다는 것, 이 행위는 우리에게 '인생을 100퍼센트로 살아냈다'는 무의식을 일깨웁니다. 그리고 이것은 마침내 '잘 살았다'라는 최종 감각과 연결됩니다.

전심/전력/몰두/몰입 = '잘 살았다!'
'경험을 Full로 했다' = '인생을 Full로 살았다'

모든 인간의 공통적인 본능적 욕구, 근원적 두려움이 있습니다. 바로 '인생은 유한하다'라는 사실입니다. 인간은 어떻게든 인생을 길게 살고 싶어 합니다. 자손을 통해 자신의 유전자를 계속 살게 하는 것이나 종교를 통해 영생을 추구하는 것 모두 이와 같은 본능에서 비롯된 행동으로 해석될 수 있습니다. 하지만 본질적으로 인생의 길이를 늘리는 것은 불가능합니다. 인간도 이를 알고 있습니다. 심지어 길이를 늘리기는커녕 예측 불가능한 일들로 예상 수명보다 인생의 길이가 짧아지는 경우만이 존재한다는 공포까지 있습니다. 이런 상황에서 '눈앞의 인생을 100퍼센트 살아냈다'라는 감각은 '인생 유한성'에 대한 새로운 돌파구를 가져다줍니다. 물리적 양을 늘리지 못하는 대신, 주어진 양의 '밀도'를 높임으로써 삶의 질적인 양을 늘린 것과 같은 효과를 느끼는 것이죠. 설령설령 열 시간을 산 사람의 인생을, 몰두하여 한 시간을 사는 것으로 따라잡을 수 있다는 것입니다. 루소가 말했죠. "가장 오래 산 사람은 장수한 사람이 아니라 가장 생을 많이 느낀 사람이다"라고요. 이것은 근원적 공포에 대한 극복감입니다. 모든 인간이 본성으로부터 느낄 수밖에 없는 굉장한 환희입니다. '잘 살았다!'라는 느낌이 들 수밖에 없는 절대적 쾌감이자 만족감입니다.

> **전심/전력/몰두/몰입 = '잘 살았다!'**
> **'경험을 Full로 했다' = '인생을 Full로 살았다'**
> **= 인생 유한성 돌파**

여러분은 지금 이 책을 읽는 데 얼마나 몰두하고 있나요? 중간중간 휴대전화를 들여다보고 졸기도 하면서 집중하지 못하고 있다면 여러분의 인생에서 그만큼의 시간이 사라지고 있는 겁니다. 반대로 단 한순간도 흐트러지지 않고 몰입했다면 그 시간을 온전히 살아낸 것입니다.

저는 강연을 할 때 완전히 몰입합니다. 제 강연을 들으러 온 많은 청중이 내용만큼이나 제 실루엣과 표정이 뚜렷하게 기억난다고 말합니다. 이유는 하나입니다. 제가 전심전력으로 몰두하는 모습을 기억하는 것이죠. 저는 강연을 하는 그 순간을, 그 삶을 밀도 있게 하나도 남김없이 살아냅니다. 그래서 강연이 끝나면 에너지가 바닥날지라도 그날 밤에는 웃으며 잠듭니다. 무의식이 '나는 오늘의 삶을 아낌없이 살았다'는 사실을 아는 거죠. 청중의 입장에서도 마찬가지입니다. '그저 집중해서 강연을 들었을 뿐인데, 왜 이렇게 뿌듯하지?' 하는 생각이 들었다면 강연을 듣는 그 시간 동안 인생을 낭비 없이 가득 차게 살았기 때문입니다. 주어진 인생을 하나의 낭비도 없이 살아냈다는 환희는 결국 하나의 감각으로 귀결됩니다. 바로 '잘 살았다'는 감각이죠.

'나는 100퍼센트로 경험하겠다'는 태도는 유한한 인생을 빼곡하게 살아내겠다는 선언입니다. 결과나 성과를 따지지도 않습니다. "내일 지구가 멸망해도 나는 사과나무를 심겠다"는 격언이 있습니다. 목적주의로는 설명되지 않는 말입니다. 내일 사라질지라도 지금 이 순간 나무 심기에 100퍼센트를 쏟는 삶. 이 격언은 낭만을 표현한 것이 아닙니다. 삶의 본질과 인간의 본성을 통찰한 문장입니다. 삶을 100퍼센트로 살아내고자 하는 바람은 인간 본성에서 비롯된 가장 근원적인 의지입니다.

'몰입의 쾌감'이라는 말을 들어본 적 있을 겁니다. 옛 선조들은 '무아지경(無我之境)', '물아일체(物我一體)'라는 말로 이 감각을 표현했습니다. 인간이 느낄 수 있는 최고의 환희라고 전해져오죠. 중요한 것은 위대한 성취나 목적을 달성했을 때가 아니라 어떤 일이든 깊이 몰입했을 때 그러한 환희가 찾아온다는 점입니다. 몰입 자체가 주는 쾌감, 그것은 대대로 전해져온 인간의 본성입니다.

여러분에게도 살면서 무언가에 전심전력으로 몰두, 몰입했던 순간들이 있었을 것입니다. 어떤 목적이나 성취가 없었음에도 부정할 수 없는 뿌듯함, 대단함, 온전함, 오롯함을 느꼈을 것입니다. 다만 그런 감각에 '잘 살았다'라는 표현만은 붙이지 못했을 것입니다. 목적주의가 빼앗아갔기 때문입니다. 반드시 성취와 목적이 있어야 그렇게 표현할 수 있다고 세뇌되었기 때문입니다.

그러나 우리는 이제 알게 되었습니다. 이 감각은 '잘 살았다'라고 표현할 수밖에 없는 인간 본성으로부터의 만족감입니다. 목적주의는 인간적이지 않은 허상의 계산일 뿐입니다. 분명히 느꺼지는 본성의 감각을 후천적 세뇌가 훼손하고 있을 뿐입니다.

전심/전력/몰두/몰입 = '잘 살았다!'

이것이 인간의 본성에 세팅되어 있는 진짜 삶의 의미, 가치 메커니즘입니다. 단순하지만 명확합니다. 어떤 경험이든 전심, 전력, 몰두, 몰입하십시오. 그리고 느껴지는 확고한 만족감에 '나는 잘 살았다!'라는 타이틀까지 당당하게 붙이고 삶의 의미, 가치감을 만끽하십시오. 이것으로 충분하며 완전합니다. '그래서 그게 뭐에 도움이 되는데?'라며 슬그머니 따라붙는 목소리 따위는 목적주의의 망령이라며 단호하게 무시하면서 나아가세요.

'충만'이라는
한 단어

이제 우리 삶에서 목적주의를 대체할 새로운 삶의 의미, 가치 기준을 요약한다면 다음과 같습니다.

"어떤 경험이든 단순하게 열심히 하는 것이 아니라 전심, 전력, 몰두, 몰입하여 100퍼센트를 경험한다는 감각에 닿아야 한다. 그리고 이 감각이 곧 잘 살았다는 삶의 의미, 가치감으로 연결됨을 만끽한다."

때에 따라서는 이 기준이 장황하고 복잡해 보일 수도 있습니다. 그렇게 내버려두면 절대 안 되는 중요한 삶의 메커니즘이기에 더 심플하고 명확한 한 단어로 바꾸고자 합니다. 어떻게 행동해야 하는지, 그리고 구체적으로 어떤 느낌인지를 모두 담을 수 있는 한 단어. 바로 '충만(充滿)'입니다.

충만 = '잘 살았다!'

'전심, 전력, 몰두, 몰입하여 경험 100퍼센트에 다다른다'라는 행동 원칙을 이제 '충만'이란 한 단어로 대체하여 기억하면 됩니다. 어떤 경험을 할 때 감각과 몸, 마음과 생각, 나의 전부가 그 경험으로 가득 차서 더는 담을 수 없는 포화 상태를 만든다고 생각하면 됩니다. 커피를 마신다고 하면 커피라는 경험에 해당되는 시각, 후각, 미각을 총동원하여 내가 느낄 수 있는 한

계치까지 전부 느끼면 됩니다. 커피와 관련해 생각나는 것이 있으면 두뇌 능력을 총동원하여 그것으로 머리도 가득 채우면 됩니다. 이것이 '경험 100퍼센트'에 다다르는 가장 확실한 방법입니다.

이때 주의할 것이 있습니다. 충만의 기준은 언제나 '나'입니다. 나의 감각과 나의 능력이 기준입니다. 나의 한계치까지 채우면 충만한 것입니다. '경험 100퍼센트'라는 수치에 매몰되거나 남과 비교하지 말라는 얘기입니다. 예를 들어, 내 후각으로 어떤 커피에서 느낄 수 있는 향기가 세 가지였다고 해보죠. 정말 한계치까지 내 코를 충만하게 채운 결과가 세 가지라면 그것이 나의 커피 경험 100퍼센트인 것입니다. 옆에 있던 바리스타 친구가 여섯 가지를 느꼈다고 한들 '나는 친구보다 세 가지를 덜 느꼈으니 내 경험은 100퍼센트가 아니다'라고 판단하지 말라는 것입니다. 책을 뒤져 '이 커피에서는 열두 가지 향이 난다'라는 절대 수치를 100퍼센트인 것으로 좇지 말라는 것입니다.

인간은 각자 감각하는 능력이 다릅니다. 그리고 그 한계 감각만큼 세상을 인지합니다. 내가 감각할 수 있는 세상이 '나의 전부인 세상'인 것입니다. 다른 사람과 비교하기 시작하면 끝도 없습니다. 예를 들어, 박쥐는 초고음역대까지 들을 수 있는 감각 능력이 있습니다. 그러면 '듣기'에 있어 박쥐는 경험 100퍼센트이지만 인간은 경험 1퍼센트에도 못 미친다고 말할 수 있을까요? 박쥐는 박쥐의 충만이 있고, 인간은 인간의 충만, 그리고 각자만의 충만이 있는 것입니다. (물론 나중에 훈련을 통해 감각 능력이 향상될 수도 있습니다. 그러나 그전까지는 지금 나의 한계치가 내 경험 100퍼센트라는 사실은 불변입니다.)

반대로, 남들이 어떻게 느꼈든 '내가 더 경험할 수 있는 여지'가 남았는데 멈췄다면 충만하다고 말하기 어렵겠죠. 내가 더 감각할 수 없는 한계치까지, 내가 더 능력을 쏟아부을 수 없는 한계치까지 도달해야 충만입니다. 커피에서 더 이상 맡을 향이 없는 상태가 충만입니다. 일에 더 이상 쏟아부을 두뇌 능력이 없는 상태가 충만입니다. 강연을 하는 저의 눈과 귀는 더 보고 들을 수 없을 만큼 청중의 반응으로만 가득 차있습니다. 제 두뇌는 강연 내용을 조직화하는 데 총동원되어 있고, 제 몸과 입은 그 내용을 전달하는 데 한계치까지 사용되고 있습니다. 강연에 필요한 저의 능력과 감각이 총동원되어 있고, 그 모든 것이 더 할 수 없을 만큼 오직 강연으로만 가득 차있음을 제가 느낍니다. 이처럼 충만은 내가 기준입니다. 그래서 내가 알기 쉽고 행동하기 쉽습니다. "눈앞의 경험에 해당하는 감각과 능력을 총동원해 나의 한계치까지 머리와 마음과 몸을 그 경험으로 가득 채운다." 이것이 충만의 심플한 행동 방법입니다.

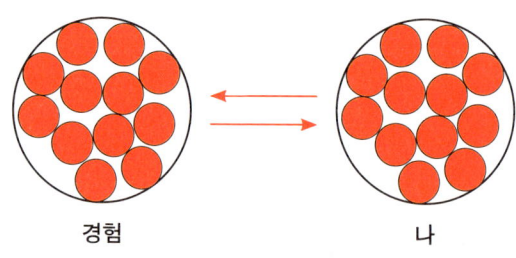

경험　　　　　　　　　나

충만이라는 단어는 행동에 이어 우리의 감각도 단순화합니다. '경험을 Full로 했다는 감각이 인생을 Full로 살았다는 감각과 이어지고, 인생의 유한성을 돌파했다는 무의식과 연결되어 결국 '잘 살았다'는 삶의 의미, 가치감을 느끼게 된다.' 이 긴 여정을 '충만감'이라는 느낌 하나로 대체할 수 있게 됩니다. 모든 감각과 마음과 몸, 내 전부가 어떤 경험 하나로 가득 차게 되면, 저런 복잡한 설명 없이도 '내 온 몸으로 이 순간, 경험, 인생을

100퍼센트 남김없이 Full로 살아내고 있구나!'가 직관적으로 느껴집니다. 물아일체라는, 인간이 느낄 수 있는 최고의 환희도 그냥 몸으로 경험하게 됩니다. 말 그대로 눈앞의 경험(物)으로 내(我)가 가득 차게 되니까요. 어떤 경험으로 가득 차 느껴지는 포만감·물아일체·살아있음은 단순한 '뿌듯함'보다 훨씬 더 강한 감각입니다. '잘 살았다'라는 말이 저절로 나오는 극도의 만족감입니다. 목적주의의 계산적인 속삭임 따위는 몸으로 느껴지는 이 직관적인 감각에 저절로 밀려나게 됩니다. 이것이 충만이라는 행동을 통해 '충만감'이라는 심플하고 명확한 감각을 느꼈을 때 나타나는 모든 반응입니다.

이제부터 복잡하게 생각하지 않아도 됩니다. '나는 지금 충만한가?' 이 질문 하나면 충분합니다. 행동의 기준도 삶의 평가 기준도 이 질문 하나로 정리됩니다. 어떤 경험이 내 눈앞에 왔을 때 복잡할 것 없습니다. 충만해질 때까지 하면 됩니다. 충만감을 느꼈다면 복잡할 것 없습니다. '잘 살았다'라고 외치면 됩니다.

'충만주의', 인간의 진짜 본성 메커니즘

이 책을 통해 우리는 '의미 있고 가치 있는 삶의 기준'을 찾고 있습니다. 가짜 기준이었던 목적주의를 대체할 진짜 기준을 우리는 이제 알게 되었습니다. 바로 '충만주의'입니다.

> **| 충만주의 |**
> **충만 = '잘 살았다!'**

충만주의란 내가 어떤 경험에 얼마나 가득 찼는지, 그 경험을 통해 인생을 얼마나 밀도 있게 살아냈는지를 기준으로 삶을 평가하는 방식입니다. 다시 말해 '충분히 충만했는가?'가 곧 '나는 잘 살았는가?'를 판단하는 핵심 기준이 됩니다.

충만주의는 원래 인간 본성에 세팅되어 있던 진짜 삶의 평가 메커니즘이자 기준입니다. 다만 목적주의에 밀려 우리가 잊고 지냈을 뿐이죠. 사실 우리는 이미 알고 있었습니다. 어떤 경험 뒤에 찾아오는 설명하기 어려운 뿌듯함, 간간이 떠오르던 그 감정들, 그것이 바로 '충만'입니다. 저는 지금 우리가 복원해야 할 충만주의라는 본래의 메커니즘을 의식화해 여러분 앞에 드러내고 있는 것뿐입니다.

충만주의는 삶에 대한 평가 메커니즘이기에 '잘 살았다'는 긍정 평가에만 적용되지 않습니다. '못 살았다'는 감각 역시 이 메커니즘을 통해 분명히 드러납니다. 온전히 몰입하지 못하고 어정쩡하게 보낸 하루 끝에는 결과와 무관하게 허전한 마음이 남습니다. '잘 살지 못했다'라는 공허한 느낌이죠. 이 감각의 정체는 이렇게 의식화됩니다. 내가 어떤 경험으로 가득 차지 못했다는 것은 그만큼 전부 가져오지 않고 남겨둔 경험이 있다는 것이고, '경험하는 것이 곧 사는 것'이기에 남겨둔 삶, 버려둔 인생이 있다는 것입니다. 이것은 유한한 인생을 100퍼센트 살아내지 못하고 낭비했다는 근원적 공포와 연결됩니다. 우리 무의식은 이런 식으로 '충만하지 못함'을 '잘 살지 못함'으로 인식하는 것입니다.

예를 들어보겠습니다. "오늘 강연을 들었는데 내내 딴짓을 했더니 내용이 하나도 기억이 안 나. 뭔가 시간 버린 것 같고 아

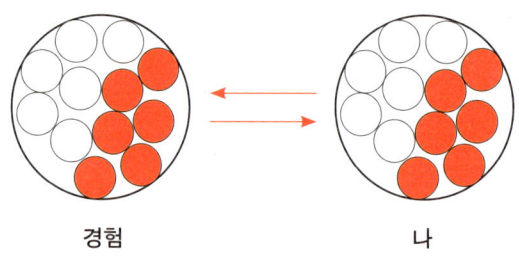

까워." 이 말은 이렇게 해석됩니다. 어정쩡하게 들었기에 강연으로 충만하지 않았던 겁니다. 머릿속이 강연으로 가득 차지 않은 거죠. 내 머릿속을 강연의 일부만 가져와 채운 것입니다. 가져오지 못한 남겨둔 강연이 있고, 그것은 곧 남겨두고 온 나의 아까운 인생이 됩니다. 내 유한한 인생을 100퍼센트 살아내지 못하고 버려두고 낭비했다는 무의식이 작동하는 것입니다.

요즘 밥 먹으며 휴대전화를 많이들 보죠. 밥을 먹는 것도 아니고 휴대전화를 보는 것도 아닌 그야말로 어정쩡한 식사죠.

그렇게 식사를 마치고 나면 문득 '방금 뭐 먹었지?' 싶은 생각과 함께 헛헛한 느낌이 밀려듭니다. 지금 이 순간의 식사 경험을 일부 놓쳐버렸기 때문입니다. 특히 요즘같이 멀티태스킹을 하다 보면 이런 기분은 더 자주 찾아옵니다. 전부 가져와 채우지 못한 식사 경험을, '놓쳐버린 인생'으로 무의식에서 인식하기 때문입니다. 유한한 인생을 그만큼 놓쳐버리고 낭비했기에 '잘 살고 있지 못하다'고 무의식에서 평가하는 것입니다.

우리는 이제 삶을 해석하고 평가할 수 있는 새로운 기준, 아니 진짜 인간 본성의 철학 메커니즘을 알게 되었습니다. 마침내 목적주의 도식을 걷어내고 그 빈자리를 메울 수 있는 대안인 충만주의 도식입니다.

| 충만주의 |
충만 = 의미, 가치 있는 삶

충만은 계산이 아닌 감각임을 강조하기 위해 내내 '잘 살았다!'라는 감각 그대로의 표현을 도식에 써왔습니다. 그리고 이제는 원래대로 '의미, 가치 있는 삶'이라는 표현으로 되돌렸을 뿐입니다. 잘 살았다는 것과 의미, 가치 있게 살았다는 것은 당연한 동의어이기 때문입니다. 하지만 단순히 표현만 되돌렸을 뿐인 데도 여기서 또다시 목적주의의 질긴 망령이 부활할 수 있습니다. "아무것도 생산해내고 성취해낸 게 없어도 충만하기만 하면 의미, 가치가 있다고?" 이 마지막 의문마저 해결해서 충만주의가 완전한 삶의 기준임을 납득시켜드리겠습니다.

삶의 의미와 가치는
어디에 있는가

충만하기만 하면 정말 의미, 가치 있는 삶일까요? 이 질문이 낯설고 이상하게 들릴 수 있습니다. 커피 한 잔을 온전히 누리며 마신다고 정말 내 삶이 의미 있고 가치 있어진다는 말이 뜬구름처럼 느껴질 겁니다. 뭔가 생산적인 결과가 있어야 할 것 같으니까요. 하지만 이 의심은 우리가 삶의 의미를 어떤 관점에서 전제하느냐에 따라 충분히 해소됩니다.

목적주의는 '삶에는 본래 의미, 가치가 없으며, 외부 가치인 목적을 성취해서 가져와야만 의미, 가치가 생긴다'고 말해왔습니다. 이 프레임에 익숙해진 사람이라면 '충만하면 곧 가치 있는 삶이다'라는 충만주의 도식이 쉽게 받아들여지지 않을 것입니다. 아무것도 성취하지 않고 아무 가치도 창출해서 가져오지 않았는데 단지 몰입하고 충만했다는 이유로 어떻게 가치 있다고 말할 수 있느냐는 반문이 자연스럽게 따라붙죠.

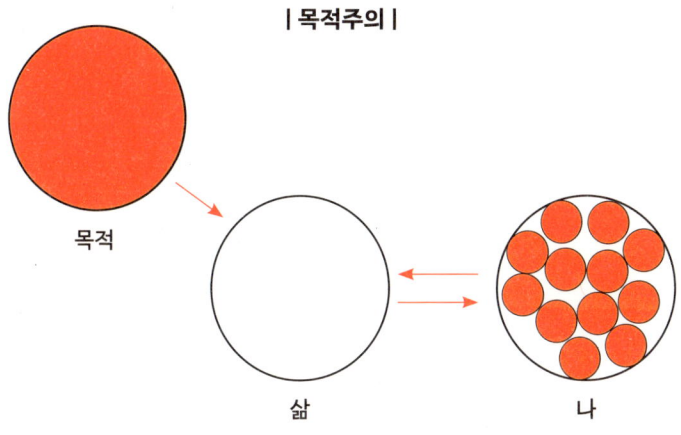

| 목적주의 |

하지만 프레임을 바꾸면 이야기는 달라집니다. 삶의 의미, 가치가 애초에 삶 자체에 내포되어 있다고 본다면, 충만주의 도식이 더는 이상하지 않습니다. 이미 삶 자체에 가득 차있는

의미와 가치를 전부 가져와서 나를 채우면 그것으로 삶의 의미, 가치감을 충분히 느낄 수 있다고 설명되기 때문입니다.

| 충만주의 |

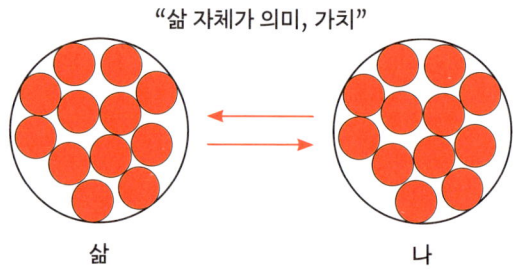

그리고 이것이 우리가 어떤 경험이든 충만하기만 하면 '잘 살았다'고 느끼는 메커니즘의 또 다른 설명이기도 합니다. '경험 Full=인생 Full=인생 유한성 돌파=극도의 만족감'이라는 설명에서 단순히 '인생을 더 오래 살았다'는 말로는 만족감이 충분히 설명되지 않습니다. 인생 자체에 충분히 의미, 가치가 있다고 평가해야 그 인생을 길게 살고 싶다는, 즉 질적으로 밀도 있게 빠뜨림 없이 경험하고 싶다는 욕구와 만족감이 성립되는 것입니다. 고차원적인 생물인 인간은 아무 가치도 없는 인생을 단순히 생물학적으로 길게 산다고 만족감까지는 느끼지 않습니다.

그냥 주어진 인생에는 아무 가치가 없고, 하루하루를 수단으로 하여 어떤 외부 가치를 획득해 가져와야만 의미가 있다는 목적주의의 그럴듯한 외침과는 달리 인간은 삶 그 자체의 내부에 이미 의미, 가치가 존재한다고 느끼는 본성을 갖고 있습니다. 목적과 성취 없이도 어떤 경험이든 충만하게만 하면, 즉 그 경험에 내포된 의미와 가치를 가득 가져와 느끼면 그것으로 충분히 의미 있고 가치 있는 삶이라고 느낀다는 것입니다. 이것이 '잘 살았다'라고 표현할 수밖에 없었던 충만감의 실체입니다. 삶에 대한 관점, 프레임만 바꾸면 '충만=의미, 가치 있는 삶'이라는 도식은 전혀 이상하지 않다는 것을 알게 됩니다.

'삶 그 자체에 의미, 가치가 있다'라고 삶의 프레임을 바꾸면, 우리가 흔히 쓰는 '공허함'에 대한 관점도 대전환됩니다. 공허하다는 것은 직관적으로 표현하면 무언가 '비어있다'는 뜻입니다. 우리는 지금까지 삶의 빈 공간을 메우기 위해서는 목적이 있어야 한다고 믿고 살아왔습니다. '인생이 공허한 건 꿈이 없어서야!'라는 목적주의 세뇌 속에서 살아왔습니다. 외부 가치를 끌어와야만 내 삶의 공허함이 채워진다고 믿었습니다.

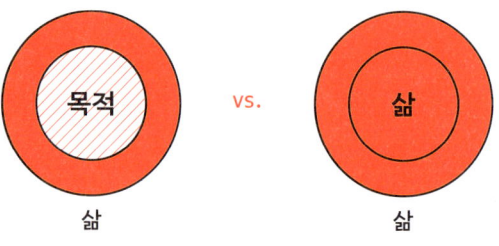

그러나 목적주의는 허상입니다. 어떤 목적을 가져와 삶을 채우려 해도 채워지지 않습니다. 마셔도 계속 목이 마른 바닷물과 같습니다. 삶은 삶으로 채울 수 있고, 채워야 합니다. 우리는 허상에 불과한 목적을 좇느라 정작 대부분의 시간을 차지하는 일상은 충만하게 살아내지 못했습니다. 목적과 연결되는 일과 공부 역시 오직 결과에만 집착하며 단순히 열심히만 했을 뿐, 과정 자체에 몰두하고 몰입한 적은 없습니다. 그래서 우리 삶에 이미 가득 차있는 의미와 가치를 전부 가져오지 못했습니다. 그렇게 버려둔 경험들, 전부 가져오지 못한 경험들이 진짜 내 공허함의 실체입니다.

"내 삶에 없는 무언가를 찾아 헤매는 대신, 지금 내 삶부터 제대로 충만하자. 삶은 삶으로 채운다." 이것이 삶에 대한 관점을 바꾸었을 때 대전환되는 공허함에 대한 새로운 정의이자 대응 방식입니다.

충만주의는
허무주의가 아니다

'삶 자체에 의미, 가치가 있다.' 이것은 앞서 살펴본 바와 같이 확실한 인간의 무의식입니다. 그러나 이 명제만 떼어놓고 단순하게 바라보면 또 다른 반문이 생길 수 있습니다. 또다시 목적주의가 부활할 수 있습니다. "그럼 그냥 숨 쉬고 누워만 있어도 가치 있는 삶이란 말인가요?" 지겹도록 끝까지 따라붙는 목적주의의 마지막 의문까지 완전히 밟고 넘어가 보겠습니다.

'삶 자체에 의미, 가치가 있다'라는 문장이 이상하게 보이는 건 '삶을 어떻게 정의하느냐'에 대한 관점의 차이에서 비롯됩니다. 삶을 '생존'이라는 단순한 정의로 접근해서 '그냥 숨 쉬고 누워있기만 해도 가치 있다'라고 보면 허무주의, 합리화, 도피로 보이기 때문입니다. 특히 목적주의는 적극적이고 노력하는 삶을 표방하는데, 그 관점에서 보면 충만주의는 그렇게 보일 수밖에 없습니다. 상식적으로 봐도 그냥 게으르게 아무것도 안 하는데도 의미 있고 가치 있는 삶이라는 게 납득하기 힘들 것입니다.

하지만 이미 앞서 본 인간의 인식대로 '산다=경험한다'로 재정의하면 모든 의문은 해결됩니다. 그냥 누워만 있거나 대충대충 경험하여 그 경험에 이미 내포된 의미, 가치를 다 가져오지 못하면 실제로 인간은 만족감을 느끼지 못합니다. 가져오지 못한 경험은 버려진 인생으로 인식됩니다. 최선을 다해 경험을 해서 경험에 내포된 의미와 가치를 다 가져와 충만해지면 그제야 인간은 비로소 만족감을 느낍니다. 즉 목적주의와 마찬가지로 전심전력을 다해야 의미, 가치감을 느낀다는 것입니다. 충만주의는 허무주의와 완전히 다릅니다.

"목적을 위해서가 아닌데 어떻게 열심히 할 수 있지? 그냥 누워만 있어도 가치 있다는 정신 승리네." 이런 단순화, 일반화는 그간 목적주의 프레임으로만 삶을 바라보았기 때문에 생긴 편견일 뿐입니다. 충만주의도 목적주의처럼 최선을 다해야 합니다. 아니, 그보다 훨씬 더 전심, 전력, 몰두, 몰입을 해야 합니다. 다만 목적과 성취, 결과를 위해서가 아니라 경험 그 자체, 과정 그 자체를 위해서 해야 합니다. 그리고 수차례 말했듯 이것만으로도 우리는 본성으로부터 오는 분명한 삶의 만족감을 느끼게 됩니다.

1부에서 거론했던 철학자 및 진화학자의 결론인 '살아있음 자체가 유일한 절대가치'에 대한 혼란과 오해도 이 방식으로 해소됩니다. 여기서 말하는 '살아있음'은 단순히 생물학적 생존을 의미하는 것이 아니었습니다. 고차원적 인간은 '살아있음=경험을 한다'로 인식합니다(이 부분이 생물학과 철학의 교차점입니다). 따라서 경험을 충실히 했을 때에만 살아있음의 가치를 획득할 수 있습니다. 학자들의 말은 '그냥 숨만 쉬면 된다'라는 허무주의와 그 궤가 다릅니다. 오히려 혼신의 힘을 다해 하나도 빼놓지 않고 경험에 내포된 삶의 의미, 가치를 누려야 한다는 적극주의에 가깝습니다. 아주 깊게 한 경험만이 인간의 기억과 정체성에 유의미한 영향을 미친다는 최신 뇌과학의 연구도 이를 뒷받침합니다. 경험을 밀도 있게, 충만하게 한 사람의 인생만이 깊고 풍부합니다.

지금까지 우리가 철학자들에게 숱하게 들어온 "삶은 그 자체로 의미 있다"는 말은 그저 힘든 삶에 위로가 되는, 아름답기만 한 수사가 아닙니다. 학문적 관점에서 보면 팩트를 전달하고 있었던 것입니다. "인간은 어떤 목적을 위해 태어나지 않았다. 태어난 것만으로 이미 의미, 가치가 있다"라는 말 역시 예쁜 말이 아닙니다. 제대로 알고 보면 논리적 서술인 것입니다. 태어나서 그냥 살아만 있으라는 말이 아닙니다. 최선을 다해 이미 존재하는 삶의 의미, 가치를 적극적으로 누려야 한다는 뜻이 내포되어 있는 것입니다. 철학자들의 설명이 너무 추상적이어서 와닿지 않았고, 목적주의에 찌든 우리들이 그냥 '예쁜 말' 정도로 치부해왔을 뿐입니다.

기억하세요. 충만주의는 허무주의가 아닙니다. 인간은 최선을 다해 충만해야 의미, 가치 있는 삶이라고 느낍니다. 대충대충 충만하지 않게 숨만 쉬고 있다면 의미, 가치 있는 삶이라 느끼지 않습니다. 상식과 맞닿아있는 이야기입니다. '충만=의미, 가치 있는 삶'이라는 도식은 어떤 경우에도 이상하지도 않고 훼손될 수도 없는, 인간의 본성 그대로를 표현한 완성된 도식입니다.

충만주의는 생소합니다. 추상적입니다. 우리가 오래 길들여져온 목적주의와는 매우 다릅니다. 그래서 수많은 의문과 오해가 생길 수 있다는 걸 알고 있습니다. 그래서 구체적으로 와닿게 의식화하고, 모든 의문을 하나하나 해결하고 납득시켜 드렸습니다. 목적주의 프레임에 갇힌 편견에서 벗어나 깨끗한 눈으로 나의 경험과 감각, 그리고 학자들의 말을 깊게 들여다보면 그 모든 것이 "인간은 목적 없이도 어떤 경험을 충만하게만 하면 의미 있고 가치 있는 삶을 살고 있다고 충분히 느낀다"라는 진실을 가리키고 있다는 것을 알게 됩니다. 이제 그만 충만주의, 즉 '충만=의미, 가치 있는 삶'이라는 메커니즘이 인간의 진짜 본성이 '맞다'라는 것을 받아들여야 합니다. 허상과 오류 따위인 목적주의의 끈질긴 관성과 세뇌를 과감히 버려야 합니다.

그랬을 때, 이제부터 본격적으로 충만주의를 당신의 일상과 인생에 적용해볼 수 있게 됩니다. 그리고 그렇게 되면 당신의 인생은 혁명적으로 변하기 시작할 것입니다.

Chapter 11

충만주의의 적용, 인생의 혁명

충만하게 산다는 건 결국 삶의 방식을 바꾼다는 것입니다. 경험에 나를 온전히 던지는 삶. 목적이나 결과는 잠시 내려두고, 지금 이 순간에 깊이 잠기는 삶. 그것이 바로 충만한 삶의 방식입니다.

충만하게 살면 인생은 바뀝니다. 그리고 어느 순간, 삶의 기준이 바뀔 것입니다. "오늘은 충만했는가?" 이 질문 하나만으로도 인생은 다르게 흘러가기 시작합니다.

충만주의는 이론이 아닙니다. 직접 살아보면 알게 됩니다. 마음은 단단해지고 선택은 가벼워지며 삶은 점점 더 선명해집니다. 스스로에게 충실한 하루가 쌓일수록 나를 옥죄던 외부의 기준은 점점 희미해집니다.

이제 충만주의를 삶에 적용할 차례입니다. 지금 이 순간부터 여러분의 인생은 조용하지만 분명하게 바뀌기 시작할 것입니다. 마치 혁명처럼.

충만주의, 경험을 차별하지 않는다

| 충만주의 |
어떤 경험이든, 경험/과정 Full = 의미, 가치 있는 삶

충만주의를 실제 우리 인생에 적용하기 쉽도록 도식화해볼까요? '충만'의 자리를 '어떤 경험이든, 경험/과정 Full'이라는 행동 양식으로 바꾸면 됩니다. 충만주의란 '목적 없이도 경험(=산다)을 충만하게만 하면, 삶의 의미와 가치감을 느낄 수 있다'라는 지금까지의 설명과 직결되어 있는 행동 양식이기에 이렇게 바꾸는 게 이해하는 데 어렵지는 않을 것입니다. 그러나 이 단순해 보이는 공식을 막상 실행하려 하면 곧 익숙한 반문에 부딪힙니다. 습관처럼 몸에 밴 목적주의의 관성이 또다시 고개를 들기 때문이죠. 이제 그 관성을 넘어서서 충만주의를 온전히 실천하고, 삶의 극적인 전환을 이끌어낼 방법을 제시하려 합니다.

먼저 '어떤 경험이든'이라는 말부터 짚어보겠습니다. 이는 말 그대로 '무슨 경험이든' 충만하게 임하라는 뜻이고, 그러면 그 모든 경험에서 충만감, 즉 '잘 살았다'라는 감각을 느낄 수 있다는 뜻입니다.

좀 더 구체적으로 말하면 목표 경험이든 일상 경험이든 똑같이 충만하라는 것입니다. 목표 경험이란 회사 업무나 프로젝트, 시험 준비처럼 분명한 목표로부터 나에게 주어지는 경험을 뜻합니다. 일상 경험은 밥을 먹고, 씻고, 청소하는 일 등 매일 반복되지만 특별히 생산성을 창출하지 않는 경험을 말합니다.

여기서 한 가지 짚어야 할 것은 이미 앞에서 밝혔듯 목표를 갖는 것 자체는 문제가 아니라는 점입니다. 문제는 목표가 전부인 것처럼 집착하고, 과정에서의 경험은 그저 수단으로 대하는 태도입니다. 목표를 목적처럼 생각하는 목적주의적 태도가 문제입니다. 이것만 아니라면 목표 경험도 똑같이 충만해야 할 경험의 한 종류로 생각하면 됩니다.

대부분의 사람이 '어떤 경험이든' 충만해야 한다는 지점까지는 큰 반문 없이 받아들입니다. 하지만 하나의 추가 설명을 붙이는 순간 오래도록 우리 몸에 밴 목적주의가 강하게 제동을 걸기 시작할 것입니다. 바로 '가치 차별 없이'라는 설명입니다.

| 충만주의 |

어떤 경험이든, 경험/과정 Full = 의미, 가치 있는 삶

(가치 차별 없이)

'가치 차별 없이'는 말 그대로 더 충만할 가치가 있는 경험과 덜 충만해도 되는 경험으로 경험을 구분하거나 차별하지 말라는 뜻입니다. 어떤 경험이든 눈앞에 주어지면 '이 경험까지 굳이 충만해야 할까?'라고 판단하지 말고 그저 충만하라는 뜻입니다. 이쯤 되면 바로 이런 반문이 떠오를 것입니다. "경험의 가치를 구분하는 건 당연하지 않나? 더 중요하고 덜 중요한 경험이 있지 않나?" 대개 우리는 공부, 일, 목표 등 중요한 일은 더 중요시 여기고, 반복되는 일상은 대충 넘기곤 합니다. 목표 경험과 일상 경험에 가치 차별을 두는 것이죠. 하지만 충만주의는 여기에 질문을 던집니다. '왜 구분하는가? 그 기준은 어디에서 비롯된 것인가?'

우리는 왜 경험을 구분하는 데 익숙할까요? **목적주의 세뇌와 관성 때문입니다.** 목적주의는 '목적과 얼마나 연결되는가, 목적을 이루는 데 얼마나 도움되는가'에 따라 당연히 경험의 우선순위를 나눕니다. 예를 들어, '부'라는 목적과 연결되는 업무, 투자, 취준, 입시 등의 목표 경험의 가치는 크게, 부와 연결되지 않는 샤워, 청소, 식사 등의 생산성 없는 일상 경험의 가치는 낮게 평가합니다. 우리는 아주 오랫동안 경험의 가치 차별을 당연시해왔는데, 그 이면에는 목적주의 가치관으로 경험들을 평가해온 관성이 존재한다는 것입니다.

그러나 앞서 우리는 목적주의가 틀렸다는 결론에 도달했습니다. 그렇다면 목적주의에 기반했던 경험의 가치 평가는 다시 점검되어야 합니다. 본성처럼 여겨졌던 이 판단이 실은 후천적 세뇌에 불과했음을 이제 우리는 알고 있죠.

반면 인간의 진짜 본성인 충만주의는 어떤 외부 가치와 연결되느냐와 상관없이 삶 그 자체에 이미 의미와 가치가 있다고 여깁니다. 산다는 것은 곧 경험한다는 것이기에 어떤 경험이든 가치를 내포하고 있다고 여긴다는 뜻입니다. 또한 경험의 밀도를 높여 느껴지는 인생의 유한성에 대한 극복감은 밀도의 문제이지 경험의 종류에 관한 감각이 아닙니다. 충만할 때 느껴지는 충만감은 모든 경험에서 느낄 수 있고, 이는 가치 없는 경험은 없다는 반증입니다.

충만의 하위 개념 중 하나인 '몰입'의 연구 결과도 이를 뒷받침해줍니다. 몰입은 '무엇을 하느냐'보다 '어떻게 하느냐'에 대한 연구입니다. 어떤 것이든 몰입 상태에 빠질 수 있고, 그렇게 된다면 경험의 종류와 상관없이 인간은 공통적으로 쾌감을 느낍니다. 충만할 경험과 충만하지 않아도 될 경험을 나누는 것은 목적주의적 관성일 뿐, 충만주의라는 인간의 진짜 본성에서는 전혀 할 필요가 없는 구분이라는 것입니다.

물론 충만주의 안에서도 이런 논리적 반문이 생길 수 있습니다. "인생 유한성을 극복하기 위해서 인간의 무의식은 같은 시간을 투자하더라도 더 가치 있는 경험에 투자하는 것을 선호하지 않을까?" 인간은 당연히 무의식에서 이러한 계산을 시도했을 것입니다. 목적을 위해서가 아니라 충만과 인생 유한성이라는 본성을 위해서도 유의미한 계산이기 때문이죠. 그러나 그 계산은 매번 벽에 부딪혔습니다.

'무엇이 더 가치 있는 경험인가?'는 깊이 파고들수록 모호합니다. 절대적 가치에 대한 수많은 철학적 질문은 이미 그 답을 찾지 못했음을 우리는 알고 있습니다. 설사 가치 하나를 찾아 정했다 하더라도 그 가치와 연결되지 않는 일상들은 대충 살게 되는 '모순'도 발생합니다. 인생 유한성은 아까운 인생을 놓치지 말고 살고자 하는 본능인데, 정작 하루에 가장 많은 시간을 투자하는 일상들은 '버리게' 되는 모순입니다. 그럼에도 어쨌든 무언가 성취하는 경험이 일상보다 질적으로 의미 있다고 가정한다 해도 인생의 끝을 정확히 알 수 없다는 또 다른 한계에 부딪힙니다. 언제 죽을지 모르는 인생 앞에서 성취하는 데 시간이 오래 걸리는 경험에 우선적으로 투자한들, 정작 그 성취와 미래는 볼 수 없을지도 모른다는 근원적인 '불안'이 발생합니다.

눈치채셨는지 모르겠지만 결국 이 모든 것은 앞서 1부에서 다루었던 목적주의의 근본적, 구조적 문제와 닮아있습니다. 인간은 무의식에서 끊임없이 경험의 가치를 비교하고 판단하려 했지만 그 계산은 번번이 실패로 귀결됐습니다. 기준은 모호했고, 선택은 모순됐으며, 결과는 늘 불안했습니다. 결국 인간의 무의식은 경험에 대해 아주 기본적인 생존적 가치 판단만이 가능할 뿐, 삶의 의미와 가치를 결정하는 인생 철학적 가치 판단은 불가능하다는 결론에 도달했습니다. 결과적으로 인간은 특정 종류의 경험이 아니라 어떤 경험에서든 충만감을 느낄 수 있는 메커니즘을 갖게 되었습니다.

충만할 경험과 그렇지 않을 경험을 굳이 나누는 것은 인간 본성에 맞지 않다는 것입니다. 또 다시 인간의 것이 아닌 목적주의의 잔재에 휘둘리는 것뿐입니다.

이런 무의식의 작동 원리에 대한 설명이 너무 복잡하다면, 혹은 그럼에도 '경험에 가치 차별을 두지 말아야 한다'는 사실을 도저히 받아들일 수가 없다면 그냥 우리의 직관적 경험과 감각으로 돌아가면 됩니다. 어떤 경험이든 충만하기만 하면 우리는 '잘 살았다'는 삶의 의미, 가치감을 본능적으로 느낍니다. 그것이 목적주의의 관점에서 하찮게 보이는 일상 경험이라 해도 마찬가지입니다. 앞서 우리는 커피 마시기, 포장하기와 같은 생산성 없는 경험에서도 완전히 충실하게 임했을 때 느껴지는 분명한 충만감에 대해 떠올린 바 있습니다. 만약 경험의 가치에 대한 계산도 본성이라면 애초에 그런 사소한 경험에서는 충만감이 느껴지지 않아야 합니다.

'나는 절대 그런 사소한 경험에서는 그 정도의 만족감까지 느낀 적이 없다'라고 말하는 사람도 있을 것입니다. '내 본성은 사소한 경험은 그냥 사소하다고 판단하는 것 같다'라고 생각하는 사람들입니다. 이것은 본성을 혼동한 결과입니다. 목적주의에 오랜 시간 세뇌된 우리들은 '근데 이 경험이 가치가 있을까?'라는 목적주의적 평가를 하기는 합니다. 그러나 이 평가는 확고하게 느껴진 충만감 '뒤'에 한 박자 늦게 따라오는 후천적인 계산입니다. 무의식에서 수행되는 선천적, 본성적인 평가가 아닙니다. 목적주의에 너무 오래 노출된 나머지 이 계산이 너무 빨리 따라붙어 마치 동시에 일어나는 것처럼 느껴지는 것일 뿐입니다. 너무 빨리 따라붙은 목적주의적 평가가 확고했던 충만감을 훼손시켜 느끼지 못한 것으로 착각했을 뿐입니다.

숨을 고르고 스스로의 감각에 제대로 집중하면 충만감이라는 감각과 목적주의적 계산이 분명히 '분리'되어 있다는 것을 감지할 수 있습니다. 아무리 사소해 보이는 경험에서도 충만감은 어찌할 바 없이 자동적으로 느껴지는 본능적인 '선 감각'이고, 그에 대한 가치 계산은 그 이후에 따라붙는 이성적인 '후 계산'이라는 것을 알게 됩니다.

"어떤 경험이든 충만하면 '잘 살았다'라는 삶의 의미, 가치감을 본능적으로 느낀다. 경험에 따라 다르게 느끼지 않는다." 이것은 부정할 수 없는 인간의 실제 무의식 메커니즘이자 본성입니다.

결론은 간단합니다. 어떤 경험이든 가치 차별 없이 충만하세요. 충만할 경험과 그렇지 않을 경험을 구분하느라 쓸데없는 에너지를 쓰지 마세요. 일과 공부 같은 목표 경험에 충만하세요. 청소, 샤워, 산책 같은 일상 경험에도 똑같이 충만하세요. 구분하지 마세요. 그리고 그 모든 경험에서 본성으로부터 느껴지는 충만감, 즉 잘 살아냈다는 삶의 의미, 가치감을 만끽하십시오. 처음에는 목적주의적 가치 평가가 따라붙을 겁니다. 본능이라 착각할 정도로 빠르고 자연스럽게 말이죠. 그래서 앞서 오직 충만감만이 본성이고, 그 평가는 세뇌된 후천적 계산일 뿐인 이유를 정말 세세하게 증명해드린 겁니다. 처음에는 의식적인 컨트롤이 필요할 수 있어요. '이건 본성이 아니야'라고 되뇌며 무시하세요.

더 중요한 건 일단 충만감을 제대로 맛보는 것입니다. 제대로 충만하면 정말 어떤 경험이든 '나는 잘 살고 있다'라는 완전한 만족감이 느껴질 거예요. 너무나 뚜렷한 만족감에 이 경험이 가치가 있는지 아닌지에 대한 '후 생각'은 저절로 밀려날 거예요. 잘 안 되는 날은 다시 의식적으로 밀어내면 그만입니다.

이 과정이 반복되면, 감각과 계산은 점차 분리될 것이고 계산은 희미해져 갈 겁니다. 어떤 경험에서든 충만감을 느끼게 될 것이고, 그 경험이 중요한지 아닌지는 점차 차별하지 않게 될 거예요. 그리고 이것은 인생의 혁명적인 전환점이 될 것입니다.

여러분은 지금 '의미 있고 가치 있는 삶'을 회복하기 위해 이 책을 읽고 있습니다. '공허의 시대'를 극복하려고 하고 있죠. 지금까지 우리는 어떤 거창한 것이 있어야 의미 있는 삶이 가능하다고 믿어왔습니다. 일에서의 거창한 성공, 공부에서의 압도적인 성취, 꿈의 실현……. 어쩌면 그래서 쉽지 않을 것이라고 지레 비관하기도 했을 겁니다.

충만주의는 그런 우리를 혁신적으로 구원해줄 수 있습니다. 거창한 것만이 아닌, 그 어떤 경험에서도 내 삶의 의미감과 가치감을 회복할 수 있다는 논리적 증명이니까요. 심지어 우리가 사소하게 여겼던 일상 경험으로부터 회복할 수 있다는 것이니까요. 등잔 밑이 어둡다는 비유 그대로 아주 가까이에, 늘 곁에 있었던 일상으로부터 삶의 의미를 회복할 수 있다는 것이니까요.

거창한 무언가를 찾아 헤매는 것을 멈추세요. 대신 그런 허상을 찾느라 어정쩡하게 건성건성 해치워왔던 내 삶의 모든 것들을 충만하게 다시 하세요. 커피 한 잔, 밥 한 끼, 청소, 산책……. 이런 일상들을 무시하지 마세요. 대충 하지 마세요. 그 경험의 모든 것으로 내가 가득 찰 때까지 전심전력으로 몰두하세요. 일이나 공부라고 특별하게 생각하다가 강박에 빠지지 마세요. 결과는 나중에 생각하고 과정을 만끽하세요. 하던 대로 단순하게 열심히 하는 게 아니라 '하나도 빼놓지 않고 전부 Full로 경험했다'는 느낌이 들 때까지 몰입하세요. 그 모든 것에서 확고한 충만감을 느끼세요. 이미 내 삶 안에 있는 의미와 가치를 만끽하세요.

이것은 잃어버린 내 삶의 의미와 가치를 회복할 수 있는 너무나 실현 가능하면서도 너무나 확실한 방법입니다.

우리는 그동안 '경험의 종류(What)'를 고르느라 너무 많은 에너지를 소모해왔습니다. 어떤 경험이 내 삶에 가치가 있는지 또 가치가 없는지 비교하고 판단하느라 진이 다 빠졌죠. 하지만 정작 결론도 모호하고, 그렇게 가치 있다고 고른 경험들이 내 삶의 가치를 지켜주지도 못했습니다.

충만주의는 What이 아닌 How에만 집중하게 만들어주는 인생 철학입니다. 어떤 경험이든 충만하게만 하면 경험의 종류에 상관없이 모든 경험에서 확고한 충만감, 인생의 의미감과 가치감을 느낄 수 있기 때문입니다. 무엇(what)을 해야 하는지 집착하고 방황하는 삶에서 그 무엇이 오든 받아들이고 충만하게 해내는(how) 데에만 집중하는 삶으로 바뀝니다.

이것은 삶에 압도적인 자유로움을 선사합니다. 경험의 종류에 좌지우지되는 것이 아닌, 내 인생에 주어지는 어떤 경험이든 만족으로 바꾸어낼 수 있는 방식이기 때문입니다. 이것은 상시적인 행복감을 삶에 선사합니다. 특정 경험을 해야만 느껴지는 간헐적 행복이 아닌, 하루 종일 모든 경험에서 내내 만족감을 느낄 수 있는 방식이기 때문입니다. 이는 단순한 회복을 넘어, '극단의 의미 있고 가치 있는 삶'을 실현할 수 있는 방법입니다.

이것은 조용한 혁명입니다. 당신 삶의 구성은 달라진 것이 없습니다. 겉으로 보기에는 똑같습니다. 그러나 당신의 내면은 자유롭습니다. 항상 웃고 있습니다. 공허는 없고 충만으로 가득

합니다.

간단합니다. 어떤 경험이든 가치 차별 없이 충만하세요. 충만할 경험과 그렇지 않을 경험을 구분하느라 쓸데없는 에너지를 쓰지 마세요. 본성으로부터 느껴지는 충만감으로부터 세뇌된 계산을 분리하고 지워나가세요. 모든 경험에서 충만감을 확실하게 느끼고, 그 경험이 중요한지 아닌지는 더 이상 신경 쓰지 않게 되는 경지에 다다르세요.

충만주의,
결과에 초연해진다

| 충만주의 |

어떤 경험이든, 경험/과정 Full = 의미, 가치 있는 삶

우리는 지금 충만주의를 실제 삶에 적용하기 위한 도식을 분석하고 있습니다. 앞서 '어떤 경험이든'의 의미는 충분히 살펴봤으니 그다음 항목인 '경험/과정 Full'로 넘어가 보겠습니다. 사실 이 행동 양식도 이해하기에는 어렵지 않을 것입니다. 이미 여러 차례 '경험 Full=충만'이라는 개념을 짚어왔고, 경험을 온전히 빠짐없이 하는 것에서 삶의 의미감과 가치감을 느낄 수 있다는 것도 여러 측면에서 증명해왔기 때문이죠.

| 충만주의 |
어떤 경험이든, 경험/과정 Full = 의미, 가치 있는 삶
(성취/결과 상관없이)

그런데 여기에 '성취/결과 상관없이'라는 추가 설명이 붙는 순간 목적주의의 관성이 또다시 발동할 것입니다. "전심, 전력, 몰두, 몰입했는데 특별한 성취나 결과가 없을 때 그 과정만으로도 잘 살았다고 만족할 수 있다고? 그게 현실적으로 가능한가?" 이 마지막 반문까지도 넘어서서 충만주의를 온전히 실천하고 인생의 극적인 전환을 완성해보도록 하겠습니다.

첫째, 성취나 결과가 있어야만 의미 있고 가치 있는 삶이라는 믿음은 전형적인 목적주의 관점임을 유념합니다. 목적주의는 인간은 삶의 과정 그 자체에서는 큰 의미를 못 느끼고, 삶에 없는 외부의 가치를 성취하여 내 삶에 추가해야만 삶의 의미감과 가치감을 느낄 수 있다는 논리입니다. 그러나 앞서 우리는 이러한 목적주의가 그럴듯하지만 실제로는 '틀렸다'라는 결론을 확인했습니다. 그렇다면 목적주의를 기반으로 한 성취, 결과의 '절대성'도 다시 점검되어야 합니다.

우리의 오래된 관성적 믿음과는 달리 인간은 성취와 상관없이 경험 그 자체만으로도 충분히 의미와 가치감을 느끼도록 설계되어 있습니다. 앞서 살펴본 대로 인간은 외부 가치가 아닌 삶 자체에 이미 내포된 의미, 가치를 감지하고 그것만으로 완전한 만족감을 느낄 수 있습니다. 다만 그것을 전부 온전히 느낄 만큼 경험에 충만하지 않았기에 '다른 외부 가치가 있어야 한다'는 착각에 빠진 것뿐입니다. 또는 한 번쯤 느꼈더라도 이 충만감으로 이미 완전하다는 논리적인 사실(충만주의)을 몰랐기에 '그 감각만으로는 부족해. 결과와 성취가 있어야만 해'라는 그럴듯한 목적주의의 세뇌에 휘둘렸을 뿐입니다.

둘째, 성취감도 인간의 본성적인 감각은 맞으나, 이것이 삶에 대한 의미, 가치감과는 분리된 감각이라는 것을 명확히 알

아야 합니다. 충만주의가 '성취나 결과와 상관없이 인간은 의미 있고 가치 있는 삶이라고 느낄 수 있다'라고 해서 결과 자체나 성취감 자체를 부정하는 것은 결코 아닙니다.

과정이 있으면 당연히 결과가 있습니다. 이는 인과 법칙에 따른 아주 기본적인 구조이자 자연의 섭리입니다. 결과가 잘 나오면 기분 좋고, 잘 나오지 않으면 아쉬운 감각인 성취감은 인간의 본성적 느낌이 맞습니다. 이미 도파민 분비와 같은 생리적 반응으로도 입증이 된 감각입니다.

다만, 성취감은 우리가 계속 탐구해온 삶의 의미, 가치감과는 다른 '분리된 별개의 감정'이라는 것이 핵심입니다. 경험을 충만하게 하면, 그 '과정'에서 삶의 의미, 가치감은 이미 느껴집니다. 그리고 그 '후'에 결과와 성취에 따라 분리된 성취감이 뒤따라 느껴지는 것입니다. 역시나 목적주의의 오랜 관성 탓에 성취에 대한 감각이 너무 빨리 따라붙거나 앞의 충만감을 전부 뒤덮을 정도로 과대평가되어 충만감과 성취감의 '분리'를 의식하지 못했을 뿐입니다. 숨을 고르고 감각에 집중하면 '선 충만감, 후 성취감'이라는 감각의 분리를 명확히 자각할 수 있습니다.

이 두 감각이 분리되어 있다는 사실은 우리가 앞서 살펴본 수많은 예시에서도 증명됩니다. 큰 성과가 없음에도 일에 몰두했던 것만으로 살아있음과 뿌듯함을 느꼈던 사회초년생 시절의 만족감, 어떤 생산성도 없는 커피 마시기 등의 일상 경험을 충만하게 했을 때 느껴지는 오롯한 만족감. 만약 성취감이 의미, 가치감과 무조건 묶여야 하는 하나의 감각이라면 이런 만족감은 설명이 되지 않습니다.

그래서 충만주의 도식에서는 '성취/결과 없이'가 아닌 '성취/결과 상관없이'라는 표현을 사용합니다. 결과와 성취감은 분명히 존재하되, 삶의 의미, 가치감과는 분리된 별도의 본성임을 분명히 하려는 의도입니다.

셋째, 성취와 결과는 단순히 분리되는 것을 넘어, 따라오는 '플러스 알파'임을 인식해야 합니다. 과정에서 느낀 충만감과 뒤따라오는 결과에서 오는 성취감은 5대 5의 비중이 아닙니다. 충만감이 100이고, 성취감은 여기에 추가되는 +α일 뿐입니다. 목적주의적 사고 때문에 성취감을 과대평가할 위험성이 있습니다. 이렇게 되면, 1부에서 살펴보았던 목적주의의 모든 부작용이 고스란히 따라옵니다. 삶의 의미와 가치를 성취에서만 찾게 되고 영원한 공허의 늪에 빠지게 됩니다.

삶의 의미와 가치는 결과가 아닌 과정에 있습니다. 단순히 듣기 좋은 예쁜 말이 아니라 지금까지 계속 살펴본 충만주의의 논리적 증명입니다. 삶의 의미와 가치는 과정 자체에서, 경험 자체에서, 삶 자체에서 이미 완성됩니다. 성취와 결과는 이미 완성된 삶에 따라붙는, 말 그대로 플러스 알파일 뿐입니다. 과정에 충만해서 이미 충분히 느낀 의미, 가치감을 +α인 성취 여부에 따라 훼손되도록 놔둬서는 안 됩니다. 세계 최정상의 스포츠 선수들이 "과정에 최선에 최선을 다했기 때문에 후회는 없습니다. 승부는 이제 상관없습니다"라고 말하는 것은 의례적인 미사여구가 아닙니다. 한 분야의 극단까지 가본 사람이 깨달은 삶의 본질입니다.

그럼에도 여전히 성취감이 크게 느껴진다면, 1부에서 살펴보았던 '목적주의의 허상'을 되뇌어볼 필요가 있습니다. 특히 목적주의 도식에서 '달성은 허상이다'에 관한 부분이 크게 도움이 될 수 있습니다. 우리는 아무리 과정을 열심히 수행했더라도 수많은 변수로 인해 결과는 내 노력대로 따라오지 않음을 수차례 확인했습니다. 결과에 미치는 개인의 영향력은 아무리 커봐야 10~30퍼센트에 불과함을 이미 알고 있습니다. 과정은 통제할 수 있지만 결과는 통제할 수 없습니다. 이것이 결과와 성취를 +α로만 받아들여야 하는 논리적 이유입니다. 성취를 과대평가하는 건 결과를 100퍼센트 통제할 수 있다는 목적주의 허상에서 나온 비논리적인 착각일 뿐입니다. 결과가 잘 나왔다면 그것은 여러 변수들이 우연히 맞아 따라온 +α의 행운일 뿐이고, 결과가 안 나왔다면 그것 역시 변수가 안 맞아 따라온 -α의 불운일 뿐입니다.

과정에 모든 것을 충만하게 쏟아붓고 만족했다면 100퍼센트 완료된 것입니다. 끝난 것입니다. 그 이후는 플러스 알파, 마이너스 알파의 시간일 뿐입니다.

| 충만주의 |

어떤 경험이든, 경험/과정 Full = 의미, 가치 있는 삶

(성취/결과 상관없이)+α

결론은 간단합니다. 다른 생각 말고 오직 경험의 과정에만 일단 충만하세요. 느껴지는 '잘 살았다'라는 감각을 만끽하세요. 이미 완전한 충만감 다음에 오는 성취는 +α로 '좋네', -α로 '아쉽네' 정도로만 느끼고 끝내세요.

처음에는 잘 안 될 겁니다. 여전히 결과와 성취가 더 크게 느껴질 거예요. 의식적인 컨트롤이 필요할 수 있습니다. '이건 목적주의가 지나치게 부풀리고 있을 뿐이야. 성취감은 분명한 본성이지만 과대평가하고 휘둘리면 다시 목적주의의 노예가 될 뿐이야'라고 되뇌며 분리하고 축소시키세요. 특히 이런 면에서 일상 경험보다 목표 경험이 더 위험할 수 있다는 것을 인지하고 있어야 합니다. 공부나 일은 필연적으로 성공과 실패라는 결과가 나타나고, 성취감과 좌절감도 뚜렷하기 때문에 +α 이상으로 평가하기 쉽습니다.

더 중요한 건 **일단 충만감을 제대로 맛보는 것입니다**. 제대로 과정에 충만하면 정말 '나는 이미 잘 살았다'라는 완전한 만족감이 느껴질 겁니다. 이 완성된 만족감 때문에 그 이후에 따라붙는 성취감 등은 저절로 +α처럼 느껴지게 될 거예요. 처음에는 목적주의를 따르던 관성 때문에 의식적으로 컨트롤해야 하겠지만 충만주의가 인생에 제대로 안착되면 그다음부터는 저절로 성취와 결과에 휘둘리지 않는 경지가 될 거예요. 그리고 이것은 인생에 혁명적인 변화를 가져다줄 것입니다.

현대인은 누구나 '결과의 노예'입니다. 평생 결과에 집착하고 일희일비하죠. 늘 결과에 끌려다니고 과정 내내 노심초사합니다. 결과가 내 인생의 성패를 좌우한다고 생각하기 때문입니다. 과정은 전혀 음미하지 못하고 결과를 위한 수단으로만 대합니다. 그래서 과정 내내 찌들어있고 결과가 나오는 그날까지 이 악물고 견디고 또 견딜 뿐이죠. 그러면서 고질적인 번아웃과 자존감 하락에 시달립니다. 성취의 순간 잠깐 나오는 도파민의 쾌감으로 간헐적으로 행복할 뿐입니다.

충만주의는 그런 우리를 '자유인이자 주인'으로 만들어줍니다. 결과가 잘 나왔는지 아닌지는 내 삶의 가치 평가에 영향을 주지 못해요. 왜냐하면 과정에서 이미 '잘 살았다'고 완전히 느꼈기 때문입니다. 결과가 나오기도 전에 이미 승리자인 거예요. 이미 100점을 받아놓은 수험생인 겁니다. 결과에 절절 매는 현대인 사이에서 '결과나 미래 따위는 잘 모르겠고, 나는 이미 이겼다'는 것은 자유인을 넘어선 초월자의 모습입니다.

게다가 결과는 과정 끝에 그냥 주어지는, 내가 통제할 수 없는 +α라는 것까지 이해하고 있습니다. 결과는 내 것이 아님을 알고 있어요. 그래서 결과가 너무 잘 나와도 자만하거나 절대적 의미를 두지 않습니다. 결과가 잘 안 나와도 자책하거나 절대적 비관을 하지도 않습니다. 내가 통제할 수 있고 내 것인 것은 오직 '과정'뿐이라는 것을 알아요. 이것은 내 삶의 '주인'이 되는 아주 논리적인 접근이에요. 그래서 흔들리지 않아요. 주체성과 자존감이 감정이나 성취 여부에 따라 오락가락 하는 현대인 사이에서, '내가 진짜 주인인 과정에만 집중할 뿐, 내 것이 아닌 결과 따위에 끌려다니지 않겠다'는 삶의 방식은 아주 단단한 삶의 주도자의 모습입니다.

저도 〈공허의 시대〉 강연을 준비하면서 결과 때문에 노심초사한 적이 있습니다. '이렇게 오랫동안 연구한 이론을 강연이라는 형식으로 잘 풀어낼 수 있을까? 청중의 반응은 어떨까? 반응이 안 좋으면 어쩌지?' 이런 생각 때문에 잠을 설친 적도 많았죠. 그러다가 오직 '내가 이 강연을 준비하는 과정에 충만했는가 아닌가'에만 초점을 맞추기로 했어요. 정말로 모든 것을 쏟아붓고 나니, 이런 생각이 들더군요. '아, 더할 나위 없다. 내가 다시 태어나도 이 이상 준비할 수는 없다.' 그러면서 정말 내가 인생의 한 부분을 100퍼센트로 완전히 살아냈다는 충만감이 밀려왔습니다. 강연 무대에 올라서기도 전에 '이미 난 성공했다, 잘 살았다'라는 감각이 저에게 어마어마한 자유로움과 자신감을 주었습니다. 이미 성공했는데 결과가 어떻든 무슨 상관이 있겠어요? 더 편안하게, 더 신나게 강연할 수 있었죠.

강연이 끝나고 나서도 그 기분은 계속되었습니다. "강연 반응이 좋으면 즐기자. 하지만 +α일 뿐 경거망동할 것 없다. 반응이 안 좋으면 아쉬워하자. 하지만 -α일 뿐, 내가 이미 제대로 살아냈다는 사실에는 변함이 없다." 사람들의 반응에 휘둘리지 않고, 내가 내 삶을 장악하고 주도하고 있다는 확실한 기분이 들었습니다. 충만주의는 세상의 평가에 끌려다니기 쉬운 강연자인 저에게 자유로움과 주체성과 자존감을 선사했습니다. 가장 중요한, 삶을 잘 살아냈다는 의미감과 가치감은 기본이었고요.

중요한 건 이 자유는 그냥 결과를 무시하고 아무것도 하지 않는 도피성 자유가 아니라는 것입니다. 적당히 열심히 해놓고 '난 노력했으니까 그걸로 됐어'라고 치부하고 마는 합리화나 정신 승리가 아닙니다. 왜냐하면 과정에 미친 듯이 전심, 전력, 몰두, 몰입했다는, 과정을 하나도 빠뜨리지 않고 전부 경험했다는 '충만'이 전제되어 있기 때문입니다. 오히려 결과에 집착한 사람들이 결과만 걱정하다가 정작 눈앞의 과정에는 집중 못하고 건성건성 하게 되는 역설이 발생합니다. 또는 이 악물고 한두 번은 참더라도 인간의 본성이 아닌 외적 동기에 의지하는 것이다 보니 결국 번아웃이 오고 중도 이탈하게 됩니다.

반면 충만주의는 '과정을 위한 과정'을 추구한다는 게 핵심입니다. 과정에 100퍼센트 집중하는 것 자체가 본질이다 보니 그 밀도와 '질'이 압도적일 수밖에 없습니다. 그리고 과정 자체에서 내내 느껴지는 충만감이라는, 인간 본성의 내적 동기 때문에 자연스럽게 끝까지 해내게 되죠. 재미있는 점은, 그렇기 때문에 오히려 충만주의에서 압도적인 결과가 나올 확률이 훨씬 더 크다는 겁니다. 압도적인 결과는 결국 압도적인 과정으로부터 나온다는 지극히 당연한 인과관계 때문이죠. 물론 외적인 변수 때문에 항상 보장되는 것은 아니지만, 압도적인 결과가 나온다고 하면 충만주의에서 나올 가능성이 몇 배는 더 크다는 것입니다. 엄청난 밀도로 끝까지 완수한 사람을 이길 수는 없어요. 물론 충만주의는 압도적인 결과가 나와도 +α로 여기게끔 만들죠. 자만하거나 그 의미를 과대 평가하지 않고 초연하게 다음 과정으로 넘어가게 할 겁니다. '과정 하나하나에 혼신의 힘을 다하는 압도적 노력과 퍼포먼스, 그럼에도 결과가 나왔을 때 초연한 사람', 진정한 프로페셔널의 모습입니다.

마지막으로 충만주의는 우리에게 '상시적인 행복감'까지 선사합니다. 결과가 나오기 전에도 이미 과정 내내 충만감이라는 쾌감을 느끼게 해주니까요. 지금까지는 결과가 나오기 전까지 그냥 인내해야 하는 불쾌의 시간이었던 과정을, 음미하고 만끽할 것이 가득한 시간으로 전환시켜 주니까요. 지금까지는 인생의 의미와 가치가 갈리는 그 '결정의 날'에 도달하기 위한 여정이자 수단일 뿐이었던 과정을, 그 자체로 의미와 가치가 있는 목적으로 전환시켜주니까요. 결국 결과가 나오지 않았다면 아무런 의미가 없었던 과정을, 성패에 상관없이 '이미 잘 살았다'라고 의미 있고 가치 있게 느끼게 해주니까요. 결과가 나올 때까지 행복을 유예하고, 결과가 성공해야만 잠깐의 간헐적 행복감(성취감 도파민)을 느끼는 현대인들과는 다른, '결과가 나오기 전부터 모든 순간에 충만감을 느끼고 결과에 상관없이 항상 삶에 만족해하는' 상시적인 행복인의 모습이죠.

이것은 시대의 혁명입니다. 모두가 공허한 시대, 잃어버렸던 내 삶의 의미와 가치를 회복하는 것을 넘어섭니다. 자유인이면서도 주인이고, 초연하면서도 압도적인 성과를 내고, 어느 순간 어떤 상황에서도 굴하지 않고 웃는 사람이 됩니다. 모두가 어딘가 찌들어있고 무언가에 끌려가는 노예와 같은 삶을 살 때 단순한 회복을 넘어 '극단의 의미 있고 가치 있는 삶'을 살게 됩니다.

간단합니다. 과정과 결과를 분리하세요. 오직 과정에만 충만하세요. 과정에서 느껴지는 삶의 의미, 가치감으로부터, 따라오는 결과는 +α로서 분리하고 축소시키세요. 과정에서 '이미 잘 살았다'를 느끼고, +α로 성취하면 '이것도 좋지만 보너스일 뿐'이라고 느끼세요. -α로 실패하면 '아쉽지만 이미 나는 잘 살았다'라고 느끼세요. 최종적으로는 과정에서 충만감을 확실하게 느끼는 데만 집중하세요. 합리화라고 느껴지지 않을 만큼 전부 쏟아부으세요. 과정에서 느낀 완전한 충만감에, 따라오는 성취나 결과는 상관없어지는 경지에 다다르세요.

제3의 종족, 충만주의자

충만주의자는 어떤 경험이든 미친 듯이 몰두하는데, 막상 그렇게 해서 나온 결과에는 초연합니다. 결과에는 집착하지 않는데, 그 과정에는 또 그 누구보다 전심, 전력합니다.

'과정에 몰두한다, 결과에는 초연하다.' 이 두 면모는 멋진 인간이 가질 수 있는 삶의 방식이지만, 하나의 인간이 동시에 가질 수 없는 모순된 면모이기도 하죠. 충만주의는 이 두 가지를 공존할 수 있게 합니다. 충만주의자를 기존의 틀로는 설명되지 않는 새로운 유형인 '제3의 종족'으로 만들어줍니다.

첫째, 충만주의자는 어떤 경험이든 가리지 않고 최선을 다합

니다.

목적주의자라면 목적에 도움이 되는 것에만 최선을 다합니다. 목적과 연결되지 않는 경험에 대해서는 냉소적이거나 허무해합니다. 그래서 충만주의자에게 같은 잣대의 질문을 던집니다. "확실하게 달성할 가능성이 있는 무언가가 있나 봐? 그렇게 열심히 하는 걸 보니?" 충만주의자는 이렇게 답합니다. "뭘 이룰 수 있을지 아닐지는 잘 모르겠는데? 그냥 열심을 위한 열심이랄까? 이렇게 하면 기분이 진짜 좋거든." 목적주의자는 전혀 이해할 수 없습니다.

더 나아가 충만주의자는 결과가 나올 만한 경험만이 아닌 모든 경험에 같은 태도를 취합니다. 일이나 공부뿐 아니라, 일상의 식사나 청소까지 열정적으로 대합니다. 항상 만족해합니다. 이것은 더 이상합니다. 그래서 "그냥 천성이 낙천적이거나, 모든 것에 성실하고 우직한 바보같은 사람"으로 치부하기도 합니다. 목적주의 프레임으로는 해석이 안 되기에, 인지 부조화를 해소하기 위해 겨우 찾은 답이죠.

충만주의자는 인생에 접근하는 철학 자체가 다를 뿐입니다.

그들은 노력해서 꼭 무언가를 이루어야만 의미와 가치가 있다고 생각하지 않습니다. 노력하는 과정 그 자체에 의미와 가치가 있다고 생각합니다. 이것은 그저 생각이 아닙니다. 전력으로 노력했을 때 느껴지는 충만감, 그 실재하는 쾌감을 위해 행동할 뿐입니다.

충만주의자는 마냥 낙천적인 사람도, 마냥 모든 것에 성실한 바보도 아닙니다. 모든 경험에서 확실하게 느낄 수 있는 쾌감을 그냥 내버려두지 않는 것뿐입니다. 어떤 경험이 가치 있는지 고르는 행위에서 완전히 자유로운 것뿐입니다. 하루 종일 빈틈없이 삶의 모든 순간에서 만족감을 느낄 수 있고, 그 압도적인 양의 행복을 모두 누리려는 것뿐입니다. 충만주의자는 완전한 자유인이자 행복 능력자들입니다.

둘째, 충만주의자는 결과에 초연합니다.

목적주의자는 그렇게 열심히 했으면 반드시 결과가 나와야 한다고 생각합니다. 결과가 안 나올까 봐 전전긍긍하고 과정에서는 찌들어가죠. 노력했으나 목적을 달성하지 못하면 그 전까지의 과정은 전부 무의미하다고 생각하며 끝없는 공허로 빠져

듭니다. 그런 목적주의자가 보기에 충만주의자는 불가해한 인간입니다. 과정에 그토록 전심, 전력, 몰두, 몰입해놓고 결과가 나오지 않아도 무너지지 않거든요. 분명 자기처럼 몹시 좌절했음에도 겉으로만 태연한 척한다고 치부하거나, 타고난 정신력이 강한 사람이라고 해석할 뿐이죠. 역시 목적주의 틀에 갇힌 해석입니다.

충만주의자는 결과가 잘 나와도 경거망동하지 않습니다. 사실 결과에는 별로 관심이 없다는 충만주의자들이 더 좋은 결과를 턱턱 내놓을 때가 많습니다. 목적주의자가 결과에 집착하느라 정작 과정에 집중하지 못할 때, 충만주의자들은 오로지 과정 그 자체의 밀도를 높이는 데만 집중하기 때문입니다. 물론 목적주의자의 눈에는 그런 태도도 가식으로 보일 뿐입니다. 자기처럼 똑같이 결과에 목숨을 걸었기 때문에 나오는 동기부여라는 것이죠. 어쨌든 충만주의자는 그래서 압도적인 결과를 자주 만들어내곤 합니다. 하지만 한 번 씨익 웃고는, 바로 다음 과정을 찾아 떠납니다. 이쯤 되면 목적주의자의 눈에 충만주의자는 어떤 풍파에도 초연한, 세상만사를 다 초월한 종교적 초월자로 보이기까지 합니다.

충만주의자는 인생을 접근하는 철학 자체가 다를 뿐입니다. 충만주의자도 성취하면 좋고, 실패하면 안 좋습니다. 다만 성취나 결과는 +α라고 생각하기 때문에 흔들리지 않고 단단한 것입니다. 이것은 그저 생각이 아닙니다. 이들은 과정에서 이미 너무나 '완성된' 만족감을 획득했기에 성취감은 추가일 뿐이라고 정말 '느끼는' 것입니다. 초연해야겠다고 결심하고 노력하는 사람들이 아니라 저절로 초월자가 '되어버린' 사람들입니다.

일반적으로 결과에 초연한 사람은 허무주의자, 반대로 과정에 최선을 다하는 사람은 성공 지상주의자로 여겨졌습니다. 지금까지는 양쪽의 장점만을 결합할 수는 없었습니다. 결과에 초연한 것과 과정에 최선인 것은 '모순'이었습니다. 그것은 목적주의라는 프레임으로만 인생을 설계하고 해석해왔기 때문입니다.

모순된 두 인간상의 장점만을 결합한 '제3의 종족'. 충만주의 프레임으로 보면 이 혁명적 인간상이 현실적으로 가능하다는 것을 알게 됩니다. 항상 모든 일에 긍정적이고 열정적으로 임하면서도 성패에 집착하지 않고 훌훌 털어버리는 사람. 과정에는 누구보다 치열한 열정인이지만 결과에는 초연한 자유인. 충만주의 철학으로 인생을 설계하면 지금까지는 상상조차 못했던 이 인간상이 단순한 이상이 아니라 철저히 실현 가능한 모델이라는 것을 알게 됩니다. 살면서 드물게 만나는, 그러나 도무지 해석할 수 없었던 사람들도 이해할 수 있게 됩니다. 치열하게 몰입하면서도 가볍게 웃고, 결과에 기대지 않으면서도 삶을 깊이 사랑하는 사람. 주변의 평가에 쉽게 무너지지 않는 단단한 마음과 높은 자존감을 가진 사람. "나는 할 수 있는 모든 것을 다했다. 그리고 그것만으로 이미 충분하다"고 말하는 사람. 모두가 찌들어 사는 이 공허의 시대에 '진짜 잘 살고 있다'는 아우라를 풍기는 희귀한 존재. 이제 이런 사람들이 누구인지 해석할 수 있게 됩니다.

이것이 프레임, 인생철학, 인생관의 힘입니다. 목적주의 프레임에 갇혀 수많은 자기계발에 투자해봐야 결국 그 틀을 벗어날 수 없습니다. 같은 손바닥 안에서 고군분투할 뿐이죠.

가장 강력한 자기계발은 인생관 자체를 바꾸는 것입니다. 충만주의는 이전까지 꿈꾸지도 못했던 의미와 만족으로 가득한 삶을 내 현실에서 가능하게 만들어줄 겁니다. 목적주의는 아무리 자기계발하고 성장하고 성취해도, 결국 찌들고 공허하고 무너지는 삶을 반복하게 만들 겁니다. 인생관을 바꾸는 것 하나로 삶은 크게 달라집니다.

선택은 여러분의 몫입니다. 지금까지의 삶을 계속 살아갈 수도, 아예 다른 삶으로 바꿀 수도 있습니다. 중요한 것은 이제 선택할 수 있다는 것입니다. 당신은 충만주의자로 거듭나겠습니까, 목적주의자에 머물겠습니까?

목적주의 vs. 충만주의, 삶을 결정 짓는 두 관점의 차이

그 어떤 자기계발보다 인생관을 바꾸는 것만으로도 삶은 극적으로 달라집니다. '목적주의' 인생관을 고수하는가 '충만주의' 인생관으로 전환하는가에 따라 삶은 완전히 다른 두 갈래로 나뉩니다. 그런 의미에서 마지막으로, 두 인생관을 선택했을 때의 각각의 삶을 말 그대로 일대일로 세세히 비교해보겠습니다. 이 과정을 통해 선택의 분기점에 더 선명히 다가갈 수 있을 것입니다.

첫째, 목적주의자는 삶을 수단으로 삼고, 충만주의자는 삶 자체를 목적으로 여깁니다.

목적주의자는 삶을 하나의 발판으로 씁니다. 더 큰 목적을 위해 오늘을 소모하고, 일상과 시간, 감정과 관계까지도 성취를 위한 도구로 사용합니다. 내 삶이 소중하다고 말하면서도 정작 삶을 수단화하는 모순 속에 살아갑니다.

반면 충만주의자는 모든 일상과 삶 그 자체에 의미와 가치가 내포되어 있다고 봅니다. 살아있다는 그 사실만으로 충분하다는 감각 속에서 살아갑니다. 이들에게 삶은 더 큰 목적을 위한 재료가 아니라 그 자체로 완전한 목적입니다.

둘째, 목적주의자는 냉소적이고, 충만주의자는 긍정적입니다.
"그게 무슨 의미가 있는데?" "그게 어디에 도움이 되는데?" 목적주의자가 달고 사는 말입니다. 성취가 보장되지 않는 열정에 대해 순진하다고 냉소합니다. 세상 모든 것을 투자 대비 성과로 환산하며, 삶 전반에 비판적이고 계산적입니다. 그러면서 정작 자신은 아무것도 하지 않는 허무에 빠져있는 경우도 많습니다.

반면 충만주의자는 모든 삶에 긍정적이고 열정적입니다. 열심을 위한 열심, 과정을 위한 과정, 충만을 위한 충만을 하기에 결과에 상관없이 항상 만족합니다. 삶의 모든 순간을 음미하며 사랑하는 느낌이 저절로 풍겨 나옵니다.

셋째, 목적주의자는 불안한 자아를, 충만주의자는 단단한 자존감을 갖습니다.

목적주의자는 성취하면 자존감이 올라가지만 실패하면 자존감이 곤두박질칩니다. 내 삶 그 자체의 가치를 인정하지 못하고, 무언가를 달성해야만 비로소 내가 가치 있어진다고 생각합니다. 그래서 인생의 가치 기준이 자신이 아닌 외부의 사회적 기준이 될 수 밖에 없습니다. 주체적이기 힘들고 다른 이들의 의견에 끌려 다닙니다.

반면 충만주의자는 과정 자체를 삶의 가치 기준으로 두기에 결과나 성취에 크게 흔들리지 않습니다. 내가 과정에 충만했다면 이미 잘 살았다고 느끼고, 그 과정으로 무엇을 이루었는지는 플러스 알파일뿐입니다. 내 삶 자체가 이미 가치로 가득 차 있다는 인식은, 나 스스로가 있는 그대로 가치 있다는 자존감으로 확장됩니다. 사회적 성취나 평판이 나의 가치를 판단하는 중심 기준이 되지 않습니다. 충만감이라는 내면의 감각에 집중하기 때문에 외부의 소음과 저절로 멀어집니다. 내가 통제할 수 있는 과정의 충만에만 집중하며, 삶을 주도해나간다는 감각 속에 살아갑니다.

넷째, 목적주의자는 비교하며 줄 세우고, 충만주의자는 다양성을 인정합니다.

목적주의자는 사람을 줄 세울 수밖에 없습니다. 삶의 이상적인 기준인 '목적'을 상정하기에, 저절로 그에 가까운 순서대로 서열을 매기고 인생의 가치를 비교하게 됩니다. 예를 들어, "나의 인생 목적인 경제적 자유의 기준은 72억 자산이다"라고 상정하면, 72억을 가진 사람이 1등이고 그보다 적은 액수 순으로 줄이 세워지는 것이죠. 자기비하와 남에 대한 폄하나 혐오도 이 지점에서 생겨납니다. "나는 지금 5억밖에 없지만, 적어도

1억밖에 없는 너보다 다섯 배는 가치 있는 삶을 살고 있지"라는 식입니다. 끊임없이 내가 몇 등이고 다른 사람은 몇 등인지에서 인생의 가치를 확인하려고 하는, '비교의 늪'에 빠져 살아가게 됩니다.

반면 충만주의자는 경험의 가치를 차별하지 않는 인생관을 가지고 있고, 이것이 다른 사람의 경험과 삶에 대해서도 똑같이 확장됩니다. 무슨(what) 직업을 가졌느냐가 아니라, 얼마나(how) 충만하게 사느냐가 중요하다고 생각합니다. 이들에게 사람을 규정하는 것은 결과가 아닌 과정입니다. 재벌 회장에게는 재벌 회장의 삶이, 주부에게는 주부의 삶이 있을 뿐, 그냥 다른 것이지 타이틀만으로 무엇이 더 가치가 있는지 판단하지 않습니다. 재벌 회장은 돈이 많아 편리할 뿐 그 직업 자체로 위대한 사람은 아니라고 생각합니다. 재벌 회장이라도 충만하게 살고 있지 못하다면, 그 삶 자체의 가치를 다하지 못하고 있다고 생각합니다. 소수자나 사회적 약자에 대해서도 같은 관점을 갖습니다. 위로나 보호의 시각이 아닌 '그냥 다른 삶', 그 삶은 그 삶 자체로 가치가 있는 삶이라고 봅니다. 억지로 노력하는 것이 아니라 충만주의의 논리에서 자연스럽게 우러나오는 다양성에 대한 관점입니다.

　다섯째, 목적주의자는 외적 동기에 의존하고, 충만주의자는 내적 동기로 움직입니다.

　목적주의자는 지금 눈앞의 과정과 시간상 떨어져있는 미래의 상상 속 결과, 성취, 목적에서만 동기를 얻으려고 합니다. 지금 이 순간은 그저 버티고 견뎌야 하는 인내의 시간일 뿐입니다. 그들은 이러한 '외적 동기'에 대해 이미 학문적으로 결론이 난 여러 부작용을 겪게 됩니다. 의지는 오래가지 못하고, 번아웃과 같은 역효과와 자책만 생깁니다.

　반면 충만주의자는 지금 눈앞의 과정에 몰입하는 즉시 그 안에서 '충만감'이라는 쾌감을 얻고, 그 감각이 다시 새로운 몰입의 동기가 되는 순환을 경험합니다. 인간의 본성인 '내적 동기'가 충만감으로 의식화된 것입니다. 그렇기에 충만주의자는 훨씬 더 많은 노력을 저절로 자연스럽게 이어가게 됩니다.

　여섯째, 목적주의자는 과거와 미래에 사로잡히고, 충만주의자는 현재에 존재합니다.

목적주의자는 과거에 이루지 못한 목적과 성취를 계속 곱씹으며 후회합니다. 아직 도달하지 못한 미래의 목적과 성취에 대해 불안해합니다. 과거와 미래는 내가 통제할 수 없고 바꿀 수도 없습니다. 이처럼 내가 통제할 수 없는 것에 대한 집착과 불안은 현대인의 취약한 정신 건강의 주요 원인입니다.

반면 충만주의자는 현재에 존재합니다. 결과나 목적은 내려놓고 눈앞의 과정과 경험에만 충만한 방식은 저절로 '오직 현재에만 머무르는' 상태에 도달하게 합니다. 오늘날 현대인의 정신 건강의 근본적인 해법으로 제시되는, 아니 이미 수천년 동안 여러 철학과 종교가 반복해온 삶의 본질인 '현존(現存)주의'를 자동으로 실천하게 됩니다. 매우 건강하고 단단한 정신 상태로 살아가게 됩니다.

일곱째, 목적주의자는 기계처럼 살고, 충만주의자는 인간으로서 살아갑니다.

목적주의자는 끊임없이 자신의 삶을 계산하고 평가합니다. 평가의 기준인 사회적 위치, 성과, 가치 등 외부의 기준에 얽매이게 되고 점차 나의 감각과 멀어집니다. 이러한 계산은 후천적 세뇌의 결과일 뿐인데, 너무 오랜 시간 길들여진 탓에 워낙 빠르게 떠오르다 보니 본성인 양 착각하게 됩니다. 그렇게 평생 계산하며 살게 됩니다. 계산과 평가가 뚜렷한 액수·등수 같은 정량적 지표와 무엇을 투입하고 무엇이 산출될지에 대한 생산성이 삶의 중요한 기준이 됩니다. 아이 때 느꼈던 본성의 충만감과는 점차 멀어지며, 계산과 평가에 찌들고 지쳐가는 어른이 됩니다.

반면 충만주의자는 자신의 감각과 본성으로부터 느껴지는 충만감에 집중합니다. 사회가 관념적인 성취나 목적으로 아무리 휘둘러도, 지금 자신이 느끼고 있는 '부정할 수 없는' 실재적인 충만감으로 이겨냅니다. 생산성이 기준인 기계와 같은 삶이 아니라, 인생 자체를 음미하는 인간 본성에 기반한 삶을 살아갑니다. 나이가 아무리 들어도 항상 아이처럼 모든 것에 눈을 반짝이며 의욕적으로 살아갑니다. 그리고 그런 삶은 역설적으로 더 큰 생산성까지 이끌어냅니다.

자, 이렇게 해서 인생관에 따라 완전히 갈라지는 두 가지 인생을 살펴보았습니다. 완전히 다른 삶을 살아가는 두 인간상을 세세하게 비교하면서 많은 현대인들, 혹은 당신이 어떻게 왜 그렇게 살아왔는지 해석이 되었을 것입니다. 동시에 지금까지 살아온 삶과는 전혀 다른, 새로운 삶의 모습을 그려볼 수도 있었을 것입니다.

이러한 비교 끝에 당신이 '충만주의자'의 길을 가보기로 마음을 먹었다면, 앞으로 당장 무엇부터 해야 하고 또 당장 어떤 어려움이 닥칠지, 그 '미래'를 미리 그려보려 합니다. 실천 방안부터 문제 예방책까지 모두 준비해 충만주의의 삶을 시작하려는 당신이 막연함이나 혼란에 빠지지 않도록 안내하겠습니다.

잃어가고 있는 삶의 의미와 가치를 회복하려는, 아니 그 이상으로 극단의 의미 있고 가치 있는 삶을 완성해 나가려는 당신의 선택과 도전이 절대로 꺾이지 않도록 말입니다.

Chapter 12

충만주의를 시작하는 당신의 미래

이론을 넘어 실천으로,
오늘부터 충만주의자

충만주의자의 삶을 시작하면서 기억해야 하는 키워드는 단 두 가지입니다. 바로 '선실천'과 '후개입'입니다. 당신이 해야 할 행동, 그리고 그 행동에 따라 펼쳐질 미래를 보여드리겠습니다.

먼저 충만주의에 대한 선실천이 필요합니다. 너무 당연한 얘기 같겠지만, 충만을 제대로 실천하고 충만감을 '확실히' 맛보는 것만으로 많은 문제들이 저절로 해결되기에 매우 중요합니다. 이미 앞서 본 '충만주의 행동 도식'대로 실천하면 됩니다.

| 충만주의 |
어떤 경험이든, 경험/과정 Full = 의미, 가치 있는 삶
(가치 차별 없이) (성취/결과 상관없이)+α

어떤 경험이든 이 경험이 가치 있는지 아닌지 고민하지 말고, 또 결과나 성취부터 미리 생각하지 말고 뛰어드세요. 과정 자체에만 집중하되 단순히 열심히 하는 것을 넘어 '내가 더 이상 경험할 것이 없는 정도까지' 전부 쏟아부으세요. 내 감각과 두뇌, 신체가 오직 그 경험으로 가득 찰 때까지 전심, 전력, 몰두, 몰입하세요. 이때 모든 오감과 모든 능력이 항상 전부 쓰여야 하는 것은 아닙니다. 그 경험에 해당하는 감각과 능력만 사용하면 됩니다. 그리고 더 이상 경험할 것이 없을 정도로 전부 느끼고 가득 찼다는 기준은 철저히 '나'이면 됩니다.

이 방식을 통해 최종적으로 '내 온몸으로 이 순간, 경험, 인생을 100퍼센트 남김없이 살아내고 있구나!'라는 충만감, 물아일체, 살아있음의 감각까지 느껴봐야 합니다. 이 감각이 자연스럽게 '제대로 잘 살아냈다'는 마무리까지 연결되는 것을 경험해봐야 합니다.

밥을 먹을 때에는 휴대전화를 내려놓고, 마치 여행지에서 처음 먹는 음식을 대하듯 눈·코·입에 집중하면서 해당 감각을 총동원하여 음미해보세요. 충만한 식사 끝에 '잘 먹었다!'라는 감탄사가 절로 나올 때까지 반복해서 시도해보세요. 이때 '잘 먹었다'는 흔히 맛있는 음식을 먹었거나 배가 부를 때 나오는 감탄사와는 다릅니다. '식사라는 눈앞의 삶의 경험을 온전히 빼놓지 않고 제대로 잘 살아냈다'라는 감각의 표현입니다. 청소, 운동, 샤워 등의 다른 일상 경험에서도 같은 방식으로 충만감과 '잘 살았다'를 느낄 때까지 실천해보세요.

목표 경험의 경우, 목표나 계획을 잊는 것이 중요합니다. 일이나 공부는 회사나 학교에서 정해진 사업 목표나 시험을 위한 계획으로부터 오늘 나에게 할당된 것임은 분명합니다. 하지만 시작하고 나서부터는 그것들은 잊고, 마치 눈앞의 업무 하나, 문제 하나가 오늘 나에게 주어진 '인생 전부'인 것처럼 몰두하세요. 계획 완수나 미래의 성공 따위는 잊고 마치 눈앞의 업무 하나, 문제 하나가 나에게 주어진 유일한 절대절명의 미션인 것처럼 전력하세요. 몰입 자체에서 느껴지는 만족감에만 집중하세요. 과정에서 느껴지는 어려움과 피로감까지도 이 경험의 일부라고 생각하고 모두 흡수하세요. 전부 쏟아부었다는 소진감과 이와는 역설적으로 차오르는 뿌듯함을 함께 느끼세요. 모든 에너지를 다 쓰고 지쳐 쓰러질 것 같지만, 입가에는 미소가 퍼지는 그 상태를 경험하세요. 그리고 그 지점에서 느껴지는 '눈앞의 일과 공부라는 삶의 경험을 완전히 잘 살아냈다'라는 감각에서 끝내세요. 과정에 100퍼센트 쏟아부어 완수한 것에서 끝내고, 결과는 그다음의 플러스 알파일 뿐이라고 미뤄두세요.

물론 처음에는 이런 방식이 어색하게 느껴질 수 있습니다. 우리는 너무 오랜 시간 목적주의에 길들여져있었기 때문입니다. 일상 경험에도 몰입한다거나 오직 과정 자체만을 위해 치열하게 하는 것이 처음에는 어색할 수 있습니다. 그런 감정이 들 때면 '목적주의대로 오래 살아왔기 때문에 누구나 그럴 수밖에 없다'라고 편안하게 받아들이는 것이 좋습니다. 중요한

것은 중단하지 않는 것입니다. 충만함을 한 번이라도 제대로 경험할 때까지 계속 시도하는 것입니다. 터질 듯한 충만감, 부정할 수 없는 그 감각을 단 한 번이라도 제대로 느끼고 나면, 충만주의를 계속 실천해볼 강력한 동력이 생기기 때문입니다. 게다가 이후에 개입할 목적주의마저 더 쉽게 밀어낼 수 있는 힘이 갖추어질 것입니다.

그다음 목적주의의 후개입을 경계해야 합니다. 충만감을 제대로 느끼면 목적주의는 상당 부분 저절로 밀려납니다. 하지만 오랜 관성인 목적주의가 완전히 없어지기까지는 시간이 걸릴 수 있습니다. 특히 충만감으로부터 '잘 살았다. 의미 있고 가치 있는 삶이다'라는 최종 감각에까지 도달하는 과정에서 목적주의가 개입할 여지가 있다는 것을 알아야 합니다. "그게 무슨 의미가 있는데?", "생산성 없는 일상을 왜 그렇게까지 해야 하지?", "결과도 없는데 잘 살았다고 느끼는 건 정신 승리 아니야?" 같은 말들이 내면에서 그리고 주변에서 들려올 것입니다. 내가 확실하게 느낀 충만감마저 의심하게 되고, 삶의 의미와 가치에 대해서 흔들리게 될 수 있습니다.

이에 대한 대처는 단 한 가지만 기억하세요. '본성 vs. 세뇌'의 구도만 계속 기억하면 됩니다. 이성적으로는, 충만주의가 원래 인간의 본성이고 목적주의는 주입된 허상의 프레임이라는 것을 계속 되뇌이세요. 감각적으로는, 내가 실재적으로 느낀 확고한 감각을 믿고 그 느낌 후에 한 박자 늦게 개입하는 인위적 계산을 구분해내세요.

다수가 말한다고 해서 그것이 인간의 본성임을 증명하지 않는다는 사실도 반드시 기억하세요. 고성장 시대의 착시에 휩쓸려 목적주의가 옳다고 믿을 수밖에 없었던 상황의 결과일 뿐임을 직시하세요. 목적주의 인생관대로 살아가는 다수 중에 그 누구도 그 인생을 완성시키지 못한다는 모순을 잊지 마세요. 결국 다수가 행복하지 않은 '공허의 시대'에, 내 인생을 위해 기꺼이 '충만한 소수'가 되기를 선택했음을 잊지 마세요.

정리하면, 충만주의자로 살아가기 위해서는 먼저 충만을 선실천하여 확실한 충만감을 느끼고, 후개입하는 목적주의의 반격은 꾸준히 경계하고 밀어내야 합니다. 선실천으로 70이 저절로 해결되고, 후개입으로 나머지 30의 문제를 해결하는 느낌입니다. 그래서 중요한 것은 실천입니다. 충만주의는 학문적 철학 이론이 아닙니다. 현실 인생철학입니다. 그래서 머리로만 이해하는 것이 아니라 행동으로 이어져야만 그 가치를 전부 얻을 수 있습니다. 처음에는 어색할 수 있습니다. 잘 안 될 수도 있습니다. 하지만 초기의 진입 장벽만 넘어선다면 그다음부터는 의식적인 노력 없이도 자연스럽게 충만주의자로 살아가고 있는 자신을 발견하게 될 것입니다. 어느새 완전히 다른 삶을 살고 있는 자신을 발견하게 될 것입니다. 그러니 다만 실천하고 또 실천하십시오.

우리의
퍼펙트 데이즈

영화 〈퍼펙트 데이즈(Perfect Days)〉는 일본 도쿄의 공중화장실을 청소하며 살아가는 한 남자의 일상을 따라갑니다. 사회적 기준이나 목적주의적 시선으로 보자면 그는 보잘것없는 직업을 가진 인물이며, 무의미하고 무가치한 삶을 살아가는 사람으로 보일지도 모릅니다. 하지만 영화는 전혀 다른 진실을 보여

줍니다. 그는 청소하는 매일의 일상 그 자체에 깊이 충만해 있습니다. 하루하루를 '퍼펙트 데이즈'로 살아가는 것이죠.

그는 말없이 행동합니다. 보이지 않는 곳까지 정성껏 닦고, 맡은 일에 묵묵히 충실합니다. 이유를 묻는 사람들 앞에서도 그저 미소 지을 뿐, 어떤 설명도 하지 않습니다. 대단한 목적도 뚜렷한 성취도 없지만 그는 매일을 충분히 살아냅니다. 걷고, 밥을 먹고, 햇빛을 즐기는 데도 전심전력입니다. 아무것도 아닌 듯 보이는 일상이, 그에게는 하나도 빠짐없이 '잘 산 하루'가 됩니다.

충만주의의 관점에서 보면 이 주인공의 삶은 전혀 다른 의미로 다가옵니다. 그는 지금 이 순간에 몰입하고, 주어진 삶을 온전히 자신의 것으로 받아들입니다. 겉보기에 하찮아 보이는 일상에서도 충분한 의미, 가치 그리고 행복을 느끼며 살아갑니다. 그를 통해 우리는 확인합니다. '무엇을 성취했는가?'가 아니라 '지금의 삶을 얼마나 충만하게 살아내고 있는가?'가 더 본질적인 질문이라는 사실을 말입니다.

그러나 영화 속에서도 목적주의는 조용히, 때로는 거칠게 개입합니다. 사회적 기준에 매몰된 사람들은 그의 삶을 가볍게 여깁니다. 심지어 가장 가까운 가족마저 그에게 묻습니다. "계속 그렇게 살 거야?" 그의 삶이 잘못되었다는 전제를 담고 있는 질문입니다. 명백한 목적주의의 언어죠.

영화의 마지막 장면에서 주인공은 웃다가 울고, 울다가 다시 웃습니다. 충만함 속에서 솟아나는 깊은 행복이 웃음으로 표출되고, 그 충만감을 부정하는 세상과의 충돌은 눈물로 흘러나옵니다. 나는 분명히 '잘 살았다'고 느끼는데, 세상은 끊임없이 되묻습니다. "정말 그게 다야?"

누가 뭐라 해도 내 삶은 괜찮다고 말하고 싶지만, 한편으로는 내가 틀린 건 아닐까 불안하기도 합니다. 충만주의자로 살아간다는 것은 이처럼 외부의 기준에 흔들리지 않기 위한 끊임없는 단련을 요구합니다.

그 마지막 장면은 우리의 현실이자 미래입니다. 하루 종일 취업 준비에 몰두하고 나서 '오늘도 잘 살았다'고 느끼는 순간,

불합격 문자 한 통이 그 충만한 감각을 흔들 수도 있습니다. 세상은 계속해서 묻습니다. "그래서 뭐가 됐는데?", "그게 무슨 도움이 돼?" 그렇게 우리의 충만감을 훼손하려 듭니다.

하지만 영화의 제목은 이렇게 말합니다. '퍼펙트 데이즈.' 세상이 뭐라 해도 나의 오늘은 완전합니다. 그러니 그냥 웃으세요. 충만주의자로서 오늘을 살아낸 여러분은 그것으로 이미 충분합니다. 성공이나 성취가 없어도 우리의 인생은 결코 평범하거나 가치 없지 않습니다. 일상 속에 이미 가치가 있고 그것을 하나도 놓치지 않고 살아낸다면, 그것이야말로 '잘 살았다'는 증거입니다.

이것이 충만주의자의 삶입니다. 목적주의가 뭐라고 하든, 그 목소리에 흔들리지 않고 오늘을 충만하게 살아내는 삶. 오로지 충만을 실천하고, 충만감을 온전히 느끼며, 그 힘으로 목적주의의 유혹과 개입을 계속 밀어내는 것입니다.

Live Fully

때로는 좌우명처럼 단단하고 슬로건처럼 선명한 한 문장이 우리 인생의 기준이 됩니다. 충만주의자로 살아가고자 하는 여러분에게도 그런 문장이 필요합니다. 지금까지의 모든 충만주의 이론을 아우르면서도, 모든 충만주의 행동의 기준이 될 만한 '단 한 문장'을 여러분께 드리며 마무리하려 합니다.

"Live Fully."

첫째, 내가 가득 찰(Full) 정도로, 모든 것을 남김없이 경험하십시오.
둘째, 그러면 그 인생은 온전히 Full로 살아낸 인생입니다.
셋째, 그것으로 내 삶의 의미와 가치는 Full입니다. 충분함을 넘어 완전합니다.
이 세 가지의 Full이 바로 'Live Fully'라는 한 문장에 담긴 의미입니다.

충만주의는 결국 이렇게 말합니다. '나는 할 수 있는 모든 것을 다 했다. 그리고 그것만으로 이미 충분하다.' 그 삶은 완전합니다. 더한 성취도 외부의 평가도 필요 없습니다. 누구든 자신에게 주어진 순간에 몰입하고 충만하게 살아냈다면 그것이야말로 '잘 산 하루'입니다.

지금 여러분은 대단한 일을 해낸 겁니다. 이 책에 집중하며 여기까지 온 여러분, 지금 이 시간을 누구보다 밀도 있게 살아낸 여러분은 이미 충만주의의 삶을 실천한 것입니다. 세상이 묻겠죠. "그래서 뭐가 달라졌는데?" "그게 무슨 도움이 돼?" 하지만 여러분은 알고 있습니다. 책에 몰입한 오늘의 나는 완전했다고.

그러니 웃으세요. 주눅 들지 마세요. 중요한 것은 세상의 평가가 아니라 '삶을 완전하게 만끽했는가'입니다. 매일매일 그렇게 살아가다 보면 어느 날 마지막 순간에 이렇게 말할 수 있을 것입니다.

"진짜 잘 살았다. 나는 내 인생을 하나도 빠짐없이 살아냈다."

이것이 충만주의자의 마지막 말입니다. 감상이 아닙니다. 팩트입니다.

'Live Fully.' 이것이 우리의 새로운, 아니 우리 안에 원래 존재하던 의미, 가치의 메커니즘입니다. 긴 여정을 함께해준 여러분께 진심으로 감사합니다. 이제 책을 덮고, 다음으로 충만할 나의 인생 경험을 찾아 떠나봅시다.

에필로그

내 인생의 르네상스

'르네상스(Renaissance)'라는 말을 이미 들어보셨을 것입니다. 유럽 문명사에서 14~16세기 사이에 일어난 문화혁신 운동으로, 인류사에 혁명으로 남아있습니다. 르네상스의 '르'는 영어로는 Re, 즉 '다시'를 뜻하는 단어입니다. 14세기 전 유럽은 '신'이라는 세계관이 지배했던 중세시대였습니다. 그리고 이 가치관이 만들어낸 여러 부작용에 대항하여, 그 이전의 그리스, 로마 시대로 '다시' 돌아가자는 것이 이 르네상스를 거칠게 요약한 설명입니다. 그리스, 로마라는 나라 자체가 중요한 것이 아니라, 그들이 상징했던 '인간 중심, 인간 본연'의 정신으로 돌아가자는 것이었습니다.

그런 면에서 이 책의 내용은 이 르네상스와 상당히 닮아있습니다. 목적주의는 한 시대 동안 인생관으로서 우리를 지배하면서 너무 많은 부작용을 만들어냈습니다. 이 책의 제목이기도 한 '공허의 시대'를 탄생시켰습니다. 충만주의는 이 허상의 세계관에서 그만 벗어나 인간 본성의 메커니즘으로 다시 돌아가자는 것입니다. 물론 르네상스처럼 시대 혁명을 하자는 것은 아닙니다. '내 삶의 혁명'을 이루어내자는 것입니다.

정말 충만주의로 내 삶은 혁명이 가능할까요?

세계관을 바꾸는 것은 분명히 인생의 혁명적 변화를 이끌어냅니다. 같은 세계관 안에서 이루어지는 자기계발은 마치 같은 손바닥 안에서 열심히 뛰어다니는 것과 같습니다. 틀에 갇혀 빙빙 돌 뿐입니다. 틀 자체를 바꾸는 것, 이것은 근본적이고 거대한 변화와 연결될 수밖에 없습니다. 또한, 충만주의는 단순히 학문적인 철학 이론이 아닙니다. 책의 처음에서부터 계속 강조한 것처럼, 이것은 매우 실천적인 인생철학입니다. '철학기업'

에서 실제 삶에 적용하는 것을 중요한 원칙으로 놓고 연구되고 개발된 현실 철학 이론입니다. 실제 삶의 모든 부분에 적용할 수 있습니다.

물론 이런 개념적인 것보다 여러분이 더 원하는 것은, '실제로 이대로 사는 사람'의 존재와 그 경험담일 것입니다. 이 책은 강연 콘서트 〈공허의 시대 2.0〉을 출판사에서 그대로 책으로 엮어낸 것입니다. 책이 나오기 10개월 전에 이미 콘서트를 들은 사람들이 있다는 것이죠. 초기 버전까지 거슬러 올라가면, 이미 2~3년 전부터 이 이론을 접하고 삶에 적용한 사람들이 존재한다는 것입니다. 충만주의로 삶이 변한다는 것. 단순히 이론적 상상이 아닌, 실제 사람들의 경험담이 이미 있습니다.

첫째는 바로 저, 조남호라는 사람입니다. 책을 읽으면서 한 번쯤 궁금했을 수도 있습니다. '이 이론의 연구를 총괄하고 강연까지 한 저 사람은, 정말 자기도 저 철학대로 살 수 있을까? 본인들의 연구 결과니까 이 이론이 맞다고 읊을 뿐이지, 정말 현실을 알까?' 개인의 경험담에 기댄 에세이류가 아니어서 좋긴 하지만, 본인도 직접 경험해보지 못한 현실과 동떨어진 이론이기만 한 것도 문제라는 의문이죠. 지금부터의 저의 인생 이야기는 그 모든 것의 답이 될 것입니다.

저는 제 인생에 걸쳐 그 누구보다 목적주의의 '끝판'을 경험했다고 생각합니다. 치열한 입시 경쟁에서 1등이 되어 서울대학교라는 수험생들의 최고 목적지에 도달했습니다. 네이버라는 모든 취준생들이 바라는 꿈의 기업에 입사했고, 모든 직장인들이 바라는 한 기업의 CEO로서 십수 년을 살아왔습니다. 그리고 그 기업은 기업 자체의 본질이 어떠했든 목적주의가 가장 강할 수밖에 없는 입시계 한복판에서 20년 넘게 존재해왔습니다. 네, 그렇습니다. 저에게 목적주의는 상상이 아닙니다. 삶을 통틀어 온몸으로 접한 경험 그 자체입니다. 저에게 목적주의는 신포도가 아닙니다. 달성해본 적 없기에 정신 승리 하며 멀찍이서 손가락질 하는 피상적 대상이 아닙니다. 그 치명적인 맛을 실제 여러 차례 맛본 포도 열매 그 자체입니다. 저는 목적주의의 최전선에서, 목적주의의 심연까지 가장 깊게 다녀온 사람입니다.

그래서 그 폐해 역시 누구보다 온몸으로 직접 느꼈던 사람입니다. 아주 짧은 성취감 뒤에 훨씬 더 큰 공허와 집착, 불행감이 삶을 통째로 잡아먹는 것을 실제로 경험하고 목격한 사람입니다. 더 이상 하루라도 이 인생관대로 삶을 살아서는 안 된다는 아주 강력한 직감을 얻었던 사람입니다. 하지만 저도 확신할 수 없었습니다. 제 직감이 맞는지, 그 정체는 무엇이고 근거는 무엇인지 혼란스럽고 막연하기만 했습니다. 그런 저에게 이 연구의 결과는 해답이자 구원이었습니다. 흐릿했던 그 모든 것을 선명하게 만들어주었습니다. '목적주의'라는 이름으로 모든 것이 의식화되고, 명확한 도식과 하나하나의 근거로 저의 경험과 직감이 구체화되었습니다. 저는 목적주의 이론의 '제1증인'입니다. 목적주의는 틀렸습니다. 하나의 인생관으로서 재고해봐서도 안 됩니다. 인생을 망치는 치명적 독입니다. 저는 그 세계로 결코 다시 돌아가고 싶지 않습니다. 이것은 강연자나 연구 대표가 아닌, 한 사람의 처절한 간증입니다.

그리고 또 다른 연구의 결과물인 충만주의는 저에게 '대안'이 되었습니다. 평생 목적주의로 살아온 저라는 사람에게 '그렇다면 이제 무엇으로 살아야 하는가?'에 대한 완벽한 답을 주었습니다. 저는 이 이론 그대로 삶을 살기 시작했습니다. 당연히 평생 쌓여온 목적주의의 관성을 한번에 벗어나긴 힘들었고 지금도 노력하고 있습니다. 하지만 분명한 것은, 이 충만주의가 제 삶에 '자유와 행복'을 선사해주고 있다는 것입니다. 저는 미래와 성취와 사회적 인정으로부터 자유로워지고 있습니다. 매일의 모든 삶에 만족하고 공허와 강박은 사라지고 있습니다. 도피와 합리화가 아니라는 것은 매일 직접 경험하며 확인하고 있습니다. 목적과 사회적 가치에 집착하던 이전보다, 연구와 일도 오히려 더 치열하게 하게 되었습니다. 퍼포먼스의 수준도 훨씬 더 올라갔습니다. 자유로우면서도 더 잘 해내는 역설의 삶, 무엇보다 언제나 충만한 지속적 만족의 삶을 살고 있습니다. 저는 충만주의의 '제1소비자'입니다. 대표이자 강연자로서 당연히 해야 할 방식이라 생각하기도 했지만, 저 스스로가 누구보다 이 대안의 삶을 원했던 목적주의자였기 때문입니다.

목적주의와 충만주의. 제 개인의 경험에서 나온 감상은 당연히 아닙니다. 하지만 그렇다고 정작 본인의 삶과는 동떨어진 '이론을 위한 이론'도 결코 아닙니다. 저는 제1증인이자, 제1소비자입니다. 목적주의는 제 인생을 잡아먹었습니다. 충만주의는 제 인생을 말도 안 되는 수준으로 끌어올리고 있습니다. 이것은 제가 직접 실시간으로 경험하고 있는 삶의 혁명적 변화입니다.

둘째는 더 많은 사람들의 경험담입니다. 위의 조남호라는 한 사람의 경험담이 와닿으면서도 한 편으로는 '어쨌든 이 이론의 강연자이자 연구 대표니까 좋은 얘기만 하는 것은 아닐까?' 혹은 '저 사람이 특이한 건 아닐까? 다른 보통 사람들도 삶이 변할까?'라는 의구심이 들었을 수도 있습니다. 이번에는 그에 대한 답입니다.

우리가 '철학기업'을 표방하고 있다는 것을 기억하실 겁니다. 이론에서 끝나지 않고 반드시 삶에 적용할 수 있는 '솔루션'을 개발하고 있다는 것을 기억하실 겁니다. 우리는 그 솔루션 중 하나로 '커뮤니티'를 만들고 운영해왔습니다. 친목이나 취향을 위한 커뮤니티가 아닌, 목적주의에서 탈출하고 충만주의를 삶에서 실천하는 것을 돕는 실천형 커뮤니티. 말 그대로 '삶'에 대한 것이기에, 다른 사람의 실제 삶을 목격하고 공감하고 자극받고 참고할 수 있는 커뮤니티. 다수가 목적주의를 믿고 있는 세상에서, '나 혼자만 충만주의를 고집하는 이상한 사람은 아니구나'를 확인하고 힘을 얻을 수 있는 커뮤니티. 커뮤니티라는 형태를 차용하여 실질적인 삶의 변화를 이끄는 솔루션입니다. 이 커뮤니티에는 이미 꽤 많은 보통 사람들이 활동하고 있습니다. 매일 자기가 겪었던 목적주의의 폐해를 공유하고 토론하고 있습니다. 매일 충만주의를 통해 점차 변화하고 있는 자신의 경험을 공유하고 있습니다. 실제로 세계관과 인생관 자체를 바꾸어나가고 있는 사람들이 그곳에 있습니다. 레이스에서 이탈한 사람들의 자조 섞인 위로가 아니라, 자유로워지고 행복해지고 더 의욕적이 된 사람들의 모습이 그곳에 있습니다. 목적주의라는 마이너스에서 벗어나 0점에 머무르는 것이 아니라, 충만주의로 완전히 플러스된 삶을 살고 있는 사람들의 실제 삶이 그곳에 있습니다. 이미 많은 사람들이 경험하고 증명하고 있는 인생철학이라는 뜻입니다.

목적주의에서 충만주의로. 이것은 단순히 이론이 아닙니다. 눈으로 확인할 수 있는 실제 사람들의 변화 스토리입니다. 실제 가능한 삶의 혁명입니다. (이 다른 사람들을 직접 확인하고 싶다면, https://discord.com/invite/buEn9SCJza에 접속해보세요.)

결론적으로 이 혁명은 가능합니다. 당신 삶의 르네상스는 가능합니다. 허상의 목적주의에서 탈출하여, 인간 본성의 충만주의로 다시 돌아가는 삶. 그래서 변화된 당신의 모습, 당신의 찬란해진 삶 그 자체가 다른 사람들에게 영감이 될 것입니다. 당신의 모습을 보고 그 삶을 따라하는 사람들이 늘어날 것입니다. 그들은 또 다른 사람들의 영감이 될 것입니다. 거창한 사회운동이 없어도 이렇게 시대는 변화할 수 있습니다. 당신의 변화가 '공허의 시대'를 끝낼 혁명을 이끌 수 있습니다.

그러나 다시 돌아와서, 이 모든 것들은 +α로 생길 수 있는 결과일 뿐 우리의 '목적'은 아닙니다. 세상에서 가장 중요한 '나'라는 우주, 내 인생이라는 가장 중요한 세계를 바꾸는 것. 내 삶의 르네상스에만 집중해야 합니다. 그리고 그 세계를 바꾸는 가장 확실한 방법은 세계관 자체를 바꾸는 것입니다. 최고의 자기계발은 인생관 자체를 바꾸는 것이라는 것을 기억해야 합니다. 목적주의 인생관 안에서 빙빙 돌던 자기계발을 멈추고, 인생철학 자체를 충만주의로 바꾸는 혁명에 동참했으면 합니다.

무엇보다 그렇게 함으로써, 제가 지금 실제 겪고 있는, 수많은 사람들이 이미 경험하고 있는 '내 삶의 르네상스'를 당신도 꼭 맛보기를 바라며.

르네상스가 인류 역사에 길이 남을 혁명이었던 것처럼, 내 삶의 역사에 길이 남을 전환점이 되기를 바라며.

공허의 시대

초판 1쇄 발행 2025년 9월 5일
초판 2쇄 발행 2025년 9월 10일

지은이 조남호

발행인 윤승현 **단행본사업본부장** 신동해
편집장 김예원 **파트장** 정다이 **책임편집** 김서영
정리 윤홍 **교정교열** 윤정숙
디자인 [★]규
마케팅 최혜진 강효경 **홍보** 송임선 **제작** 정석훈

브랜드 웅진지식하우스 **주소** 경기도 파주시 회동길 20
문의전화 031-956-7212(편집) 031-956-7088(마케팅)
홈페이지 www.wjbooks.co.kr
인스타그램 www.instagram.com/woongjin_readers
페이스북 https://www.facebook.com/woongjinreaders
블로그 blog.naver.com/wj_booking

발행처 ㈜웅진씽크빅
출판신고 1980년 3월 29일 제406-2007-000046호

ⓒ 조남호, 2025

ISBN 978-89-01-29700-2 03320

- 웅진지식하우스는 ㈜웅진씽크빅 단행본사업본부의 브랜드입니다.
- 저작권법에 의해 한국 내에서 보호를 받는 저작물이므로 무단전재와 무단복제를 금합니다.
- 이 책 내용의 전부 또는 일부를 이용하려면 반드시 저작권자와 ㈜웅진씽크빅의 서면 동의를 받아야 합니다.
- 책값은 뒤표지에 있습니다.
- 잘못된 책은 구입하신 곳에서 바꾸어 드립니다.

후

얼마나 충만했나요?

😊 완전 충만   🙂 충만한 편   😐 그냥저냥   🙁 약간 공허   😖 완전 공허

몰입/전념하는 경험 후 느껴지는 감정(충만감)에 대해 적어보세요.

충만감으로 인한 나의 변화

충만한 경험에 도움이 된 것과 방해가 된 것

DAY 30 　충만한 _____　　　　20 / /

전

현재 나의 상태

오늘 충만하게 집중해볼 것

후

얼마나 충만했나요?

😃 완전 충만　☺ 충만한 편　😐 그냥저냥　☹ 약간 공허　😣 완전 공허

몰입/전념하는 경험 후 느껴지는 감정(충만감)에 대해 적어보세요.

충만감으로 인한 나의 변화

충만한 경험에 도움이 된 것과 방해가 된 것

DAY 29 충만한 _____   20 / /

전
현재 나의 상태

오늘 충만하게 집중해볼 것

후

얼마나 충만했나요?

😄 완전 충만   🙂 충만한 편   😐 그냥저냥   🙁 약간 공허   😫 완전 공허

몰입/전념하는 경험 후 느껴지는 감정(충만감)에 대해 적어보세요.

....
....
....

충만감으로 인한 나의 변화

....
....
....

충만한 경험에 도움이 된 것과 방해가 된 것

....
....
....
....

DAY 28 | 충만한 _____

20   /   /

전

현재 나의 상태

오늘 충만하게 집중해볼 것

후

얼마나 충만했나요?

😄 완전 충만   🙂 충만한 편   😐 그냥저냥   😟 약간 공허   😣 완전 공허

몰입/전념하는 경험 후 느껴지는 감정(충만감)에 대해 적어보세요.

....
....
....

충만감으로 인한 나의 변화

....
....
....

충만한 경험에 도움이 된 것과 방해가 된 것

....
....
....
....

DAY 27 충만한 _____ 20 / /

전

현재 나의 상태

오늘 충만하게 집중해볼 것

후

얼마나 충만했나요?

😁 완전 충만　🙂 충만한 편　😐 그냥저냥　☹️ 약간 공허　😖 완전 공허

몰입/전념하는 경험 후 느껴지는 감정(충만감)에 대해 적어보세요.

....
....
....

충만감으로 인한 나의 변화

....
....
....

충만한 경험에 도움이 된 것과 방해가 된 것

....
....
....
....

DAY 26 충만한 _____

20 / /

전 _____

현재 나의 상태

오늘 충만하게 집중해볼 것

후

얼마나 충만했나요?

😊 완전 충만   🙂 충만한 편   😐 그냥저냥   😟 약간 공허   😖 완전 공허

몰입/전념하는 경험 후 느껴지는 감정(충만감)에 대해 적어보세요.

....
....
....

충만감으로 인한 나의 변화

....
....
....

충만한 경험에 도움이 된 것과 방해가 된 것

....
....
....
....

DAY 25 충만한 _____ 20 / /

전

현재 나의 상태

오늘 충만하게 집중해볼 것

후

얼마나 충만했나요?

😊 완전 충만   🙂 충만한 편   😐 그냥저냥   🙁 약간 공허   😖 완전 공허

몰입/전념하는 경험 후 느껴지는 감정(충만감)에 대해 적어보세요.

....
....
....

충만감으로 인한 나의 변화

....
....
....

충만한 경험에 도움이 된 것과 방해가 된 것

....
....
....
....

DAY 24 충만한 _____   20 / /

전

현재 나의 상태

오늘 충만하게 집중해볼 것

후

얼마나 충만했나요?

😊 완전 충만   🙂 충만한 편   😐 그냥저냥   🙁 약간 공허   😣 완전 공허

몰입/전념하는 경험 후 느껴지는 감정(충만감)에 대해 적어보세요.

....
....
....

충만감으로 인한 나의 변화

....
....
....

충만한 경험에 도움이 된 것과 방해가 된 것

....
....
....
....

DAY 23 충만한 _____

20 / /

전

현재 나의 상태

오늘 충만하게 집중해볼 것

후

얼마나 충만했나요?

😊 완전 충만   🙂 충만한 편   😐 그냥저냥   🙁 약간 공허   😖 완전 공허

몰입/전념하는 경험 후 느껴지는 감정(충만감)에 대해 적어보세요.

충만감으로 인한 나의 변화

충만한 경험에 도움이 된 것과 방해가 된 것

DAY 22 충만한 _____   20 / /

전
현재 나의 상태

오늘 충만하게 집중해볼 것

후

얼마나 충만했나요?

😄 완전 충만   🙂 충만한 편   😐 그냥저냥   🙁 약간 공허   😖 완전 공허

몰입/전념하는 경험 후 느껴지는 감정(충만감)에 대해 적어보세요.

....
....
....

충만감으로 인한 나의 변화

....
....
....

충만한 경험에 도움이 된 것과 방해가 된 것

....
....
....

DAY 21　충만한 _____

20　/　/

전

현재 나의 상태

오늘 충만하게 집중해볼 것

후

얼마나 충만했나요?

😊 완전 충만   🙂 충만한 편   😐 그냥저냥   🙁 약간 공허   😣 완전 공허

몰입/전념하는 경험 후 느껴지는 감정(충만감)에 대해 적어보세요.

충만감으로 인한 나의 변화

충만한 경험에 도움이 된 것과 방해가 된 것

| DAY 20 | 충만한 _____ | 20 / / |

전

현재 나의 상태

오늘 충만하게 집중해볼 것

후

얼마나 충만했나요?

😋 완전 충만   🙂 충만한 편   😐 그냥저냥   😔 약간 공허   😖 완전 공허

몰입/전념하는 경험 후 느껴지는 감정(충만감)에 대해 적어보세요.

충만감으로 인한 나의 변화

충만한 경험에 도움이 된 것과 방해가 된 것

DAY 19 충만한 _____   20 / /

전
___
현재 나의 상태

오늘 충만하게 집중해볼 것

후

얼마나 충만했나요?

😄 완전 충만   🙂 충만한 편   😐 그냥저냥   😔 약간 공허   😖 완전 공허

몰입/전념하는 경험 후 느껴지는 감정(충만감)에 대해 적어보세요.

충만감으로 인한 나의 변화

충만한 경험에 도움이 된 것과 방해가 된 것

DAY 18 충만한 _____ 20 / /

전

현재 나의 상태

오늘 충만하게 집중해볼 것

후

얼마나 충만했나요?

😊 완전 충만   🙂 충만한 편   😐 그냥저냥   ☹️ 약간 공허   😖 완전 공허

몰입/전념하는 경험 후 느껴지는 감정(충만감)에 대해 적어보세요.

충만감으로 인한 나의 변화

충만한 경험에 도움이 된 것과 방해가 된 것

DAY 17 충만한 _____   20 / /

전

현재 나의 상태

오늘 충만하게 집중해볼 것

후

얼마나 충만했나요?

😁 완전 충만　　🙂 충만한 편　　😐 그냥저냥　　☹️ 약간 공허　　😖 완전 공허

몰입/전념하는 경험 후 느껴지는 감정(충만감)에 대해 적어보세요.

....
....
....

충만감으로 인한 나의 변화

....
....
....

충만한 경험에 도움이 된 것과 방해가 된 것

....
....
....
....

DAY 16 충만한 _____

20   /   /

전

현재 나의 상태

오늘 충만하게 집중해볼 것

후

얼마나 충만했나요?

😊 완전 충만   🙂 충만한 편   😐 그냥저냥   ☹️ 약간 공허   😖 완전 공허

몰입/전념하는 경험 후 느껴지는 감정(충만감)에 대해 적어보세요.

충만감으로 인한 나의 변화

충만한 경험에 도움이 된 것과 방해가 된 것

(DAY 15) 충만한 _____   20 / /

전

현재 나의 상태

오늘 충만하게 집중해볼 것

후

얼마나 충만했나요?

😄 완전 충만   🙂 충만한 편   😐 그냥저냥   🙁 약간 공허   😖 완전 공허

몰입/전념하는 경험 후 느껴지는 감정(충만감)에 대해 적어보세요.

충만감으로 인한 나의 변화

충만한 경험에 도움이 된 것과 방해가 된 것

DAY 14 충만한 _____ 20 / /

전
___

현재 나의 상태

___

오늘 충만하게 집중해볼 것

후

얼마나 충만했나요?

😄 완전 충만　　🙂 충만한 편　　😐 그냥저냥　　🙁 약간 공허　　😣 완전 공허

몰입/전념하는 경험 후 느껴지는 감정(충만감)에 대해 적어보세요.

충만감으로 인한 나의 변화

충만한 경험에 도움이 된 것과 방해가 된 것

DAY 13 충만한 _____   20 / /

전

현재 나의 상태

오늘 충만하게 집중해볼 것

후

얼마나 충만했나요?

😊 완전 충만   🙂 충만한 편   😐 그냥저냥   🙁 약간 공허   😣 완전 공허

___

몰입/전념하는 경험 후 느껴지는 감정(충만감)에 대해 적어보세요.

___

충만감으로 인한 나의 변화

___

충만한 경험에 도움이 된 것과 방해가 된 것

| DAY 12 | 충만한 _____ | 20 / / |

전

현재 나의 상태

오늘 충만하게 집중해볼 것

후

얼마나 충만했나요?

😄 완전 충만   🙂 충만한 편   😐 그냥저냥   🙁 약간 공허   😣 완전 공허

몰입/전념하는 경험 후 느껴지는 감정(충만감)에 대해 적어보세요.

．．．

．．．

．．．

충만감으로 인한 나의 변화

．．．

．．．

．．．

충만한 경험에 도움이 된 것과 방해가 된 것

．．．

．．．

．．．

．．．

DAY 11 충만한 _____

20 / /

전

현재 나의 상태

오늘 충만하게 집중해볼 것

후

얼마나 충만했나요?

😊 완전 충만   🙂 충만한 편   😐 그냥저냥   ☹️ 약간 공허   😣 완전 공허

몰입/전념하는 경험 후 느껴지는 감정(충만감)에 대해 적어보세요.

....
....
....

충만감으로 인한 나의 변화

....
....
....

충만한 경험에 도움이 된 것과 방해가 된 것

....
....
....
....

| DAY 10 | 충만한 _____   20 / /

전

현재 나의 상태

오늘 충만하게 집중해볼 것

후

얼마나 충만했나요?

😊 완전 충만   🙂 충만한 편   😐 그냥저냥   🙁 약간 공허   😣 완전 공허

몰입/전념하는 경험 후 느껴지는 감정(충만감)에 대해 적어보세요.

....
....
....

충만감으로 인한 나의 변화

....
....
....

충만한 경험에 도움이 된 것과 방해가 된 것

....
....
....
....

DAY 9 충만한 _____

20 / /

전

현재 나의 상태

오늘 충만하게 집중해볼 것

후

얼마나 충만했나요?

😄 완전 충만   🙂 충만한 편   😐 그냥저냥   😕 약간 공허   😣 완전 공허

몰입/전념하는 경험 후 느껴지는 감정(충만감)에 대해 적어보세요.

충만감으로 인한 나의 변화

충만한 경험에 도움이 된 것과 방해가 된 것

DAY 8 충만한 _____   20 / /

전

현재 나의 상태

오늘 충만하게 집중해볼 것

후

얼마나 충만했나요?

😁 완전 충만　　🙂 충만한 편　　😐 그냥저냥　　🙁 약간 공허　　😖 완전 공허

몰입/전념하는 경험 후 느껴지는 감정(충만감)에 대해 적어보세요.

....
....
....

충만감으로 인한 나의 변화

....
....
....

충만한 경험에 도움이 된 것과 방해가 된 것

....
....
....
....

DAY 7 충만한 _____   20 / /

전

현재 나의 상태

오늘 충만하게 집중해볼 것

후

얼마나 충만했나요?

😊 완전 충만   🙂 충만한 편   😐 그냥저냥   🙁 약간 공허   😣 완전 공허

몰입/전념하는 경험 후 느껴지는 감정(충만감)에 대해 적어보세요.

충만감으로 인한 나의 변화

충만한 경험에 도움이 된 것과 방해가 된 것

DAY 6 충만한 _____   20   /   /

전

현재 나의 상태

오늘 충만하게 집중해볼 것

후

얼마나 충만했나요?

😊 완전 충만   🙂 충만한 편   😐 그냥저냥   🙁 약간 공허   😫 완전 공허

몰입/전념하는 경험 후 느껴지는 감정(충만감)에 대해 적어보세요.

....
....
....

충만감으로 인한 나의 변화

....
....
....

충만한 경험에 도움이 된 것과 방해가 된 것

....
....
....
....

DAY 5 충만한 _____   20 / /

전

현재 나의 상태

오늘 충만하게 집중해볼 것

후

얼마나 충만했나요?

😊 완전 충만   🙂 충만한 편   😐 그냥저냥   🙁 약간 공허   😖 완전 공허

몰입/전념하는 경험 후 느껴지는 감정(충만감)에 대해 적어보세요.

....
....
....

충만감으로 인한 나의 변화

....
....
....

충만한 경험에 도움이 된 것과 방해가 된 것

....
....
....

DAY 4　충만한 _____　　　20 / /

전

현재 나의 상태

오늘 충만하게 집중해볼 것

후

얼마나 충만했나요?

😊 완전 충만   🙂 충만한 편   😐 그냥저냥   🙁 약간 공허   😖 완전 공허

몰입/전념하는 경험 후 느껴지는 감정(충만감)에 대해 적어보세요.

....
....
....

충만감으로 인한 나의 변화

....
....
....

충만한 경험에 도움이 된 것과 방해가 된 것

....
....
....
....

DAY 3 충만한 _____

20 / /

전

현재 나의 상태

오늘 충만하게 집중해볼 것

후

얼마나 충만했나요?

😋 완전 충만   🙂 충만한 편   😐 그냥저냥   🙁 약간 공허   😖 완전 공허

몰입/전념하는 경험 후 느껴지는 감정(충만감)에 대해 적어보세요.

....
....
....

충만감으로 인한 나의 변화

....
....
....

충만한 경험에 도움이 된 것과 방해가 된 것

....
....
....
....

| DAY 2 | 충만한 _____ | 20 / / |

전

현재 나의 상태

오늘 충만하게 집중해볼 것

후

얼마나 충만했나요?

😀 완전 충만   🙂 충만한 편   😐 그냥저냥   😟 약간 공허   😖 완전 공허

몰입/전념하는 경험 후 느껴지는 감정(충만감)에 대해 적어보세요.

충만감으로 인한 나의 변화

충만한 경험에 도움이 된 것과 방해가 된 것

(DAY 1) 충만한 _____   20 / /

전 _____

현재 나의 상태

....
....
....
....
....
....
....
....

오늘 충만하게 집중해볼 것

....
....
....
....
....
....
....
....

후

얼마나 충만했나요?

😋 완전 충만   🙂 충만한 편   😐 그냥저냥   🙁 약간 공허   😖 완전 공허

몰입/전념하는 경험 후 느껴지는 감정(충만감)에 대해 적어보세요.

휴대폰을 보면 쉬어도 쉰 것 같지 않고 피곤했는데, 휴식에 몰입하니 정말 꽉 채워 몸과 마음을 충전하는 데 온전히 시간을 보낼 수 있었다.

충만감으로 인한 나의 변화

불안하고 화가 나던 마음이 진정됐다.
잠깐이지만 편안하게 누워 있었더니 몸도 개운해졌다.
나쁜 생각이 줄어들고 자신감이 생긴다.

충만한 경험에 도움이 된 것과 방해가 된 것

편한 옷차림과 조용한 환경이 복잡한 생각을 정리하는 데 도움이 됐다.
아직 마치지 못한 일 생각이 계속 떠올랐지만 명상에 집중하려 노력했다.

DAY 1 충만한 ___휴식___　　　　20XX / XX / XX

전 _____

현재 나의 상태

밤늦게 자고 오늘 종일 무리했더니 너무 피곤하다.
그래도 아직 할 일이 남았다. 불안하고 화도 난다.

_____

오늘 충만하게 집중해볼 것

휴식! 30분간 짧더라도 제대로 쉬어보자!
편하게 누워서 몸을 이완시키고 머릿속 비우기

7대 일상 활동 & 집중 스킬

#식사_오감 집중의 시간
- 눈, 코, 입: 눈으로 음식을 보고, 코로 냄새를 맡고, 입으로 맛을 느끼며 음식에 온전히 집중한다.
- 고독한 미식가: 대화하거나 화면을 보지 않고 혼자만의 식사 시간을 가져본다.

#샤워_몸의 말을 듣는 시간
- 바디 포커스: 씻는 부위에 집중하여 긴장이 풀리고 근육이 이완되는 감각을 섬세하게 느껴본다.

#일/공부_몰입을 위한 시간
- 30분 타이머: 목표를 정한 후 30분 타이머를 작동시킨다. 이 시간 동안만큼은 오로지 '일/공부'에만 몰입한다.

#휴식_의식 있는 멈춤의 시간
- 자기 대면: 내가 진짜로 쉬고 싶은 방식은 무엇인지 관찰해본다.

#청소_생활을 지키는 리추얼의 시간
- 오감 몰입: 정리하고 쓸고 닦는 동작 하나하나에 집중하며 깨끗해지고 질서를 되찾는 공간을 오감으로 경험한다.

#대화_진짜 연결을 경험하는 시간
- 자기 공개: 이해하고 수용하는 태도로 나를 공개하고 상대를 받아들이며 대화를 이어가 본다.

#콘텐츠 감상_흘려보내지 않는 집중의 시간
- 영화관처럼/전시회처럼: 지금 이 순간 영화관, 전시회, 공연장에 와 있다고 생각하고 세심한 눈길로 작품을 감상한다.
- 과몰입: 내가 주인공이 되어 콘텐츠를 감상한다.

충만 노트 사용법

30일간, 당신의 일상을 100퍼센트로 살아보세요

충만 노트는 우리가 매일 반복하는 일상의 7가지 활동을 더 깊이 있고 온전히 경험하도록 설계된 30일 집중 훈련 노트입니다. 바쁜 일상 속에서 무심코 지나치거나 대충 해치워버리는 시간들을 '내 삶을 채우는 시간'으로 전환하는 것이 목표입니다. 이 노트에 담긴 질문들이 당신의 주의 집중력, 감각, 내면의 몰입력을 끌어올려 당신의 삶을 더 충만하게 만들어줄 것입니다.

1. 매일 한 가지 이상의 일상 활동을 선택하여 실천합니다.
2. 경험 중 느낀 감각, 몰입 정도, 감정의 변화 등을 간단히 기록합니다.
3. 30일간의 기록을 통해 흘려보내던 일상의 시간들이 어떻게 변화하는지 스스로 확인해보세요!
4. 30일 충만 챌린지를 완료했다면, 이제 7대 일상을 넘어 당신만의 다양한 일상 활동에도 충만을 실천해보세요!

30일 충만 챌린지

1	2	3
4	5	6
7	8	9
10	11	12
13	14	15
16	17	18
19	20	21
22	23	24
25	26	27
28	29	30

라이프코드 커뮤니티(디스코드)
이 책을 읽고 충만한 삶을 위한 구체적인 도움과 해법을 얻고, 충만하게 살아가려는 사람들과 꾸준히 교류하고 싶다면 '라이프코드' 커뮤니티를 방문해보세요.

7대 일상
30일 충만 노트